SAMMLUNG TUSCULUM

PERSIUS

SATIREN

Lateinisch-deutsch

Herausgegeben und übersetzt
von Niklas Holzberg

DE GRUYTER

ISBN 978-3-11-077290-6
e-ISBN (PDF) 978-3-11-077295-1

Library of Congress Control Number: 2021952032

Bibliografische Information der Deutschen Nationalbibliothek
Die Deutsche Nationalbibliothek verzeichnet diese Publikation in der Deutschen Nationalbibliografie; detaillierte bibliografische Daten sind im Internet über http://dnb.dnb.de abrufbar.

Für Einbandgestaltung verwendete Abbildungen:
Cologny (Genève), Fondation Martin Bodmer, Cod. Bodmer 52: 6v/7r
(www.e-codices.unifr.ch)

Satz im Verlag
Druck und Bindung: Beltz Bad Langensalza GmbH

♾ Gedruckt auf säurefreiem Papier
Printed in Germany

www.degruyter.com

Heinz Holzberg und Otto Seel
zum Gedächtnis

INHALT

EINFÜHRUNG

Die römische Verssatire, in Hexametern verfasst, hatte mit dem, was wir heute unter einer ›Satire‹ verstehen, zunächst nicht nur die Kritik an menschlichen Fehlern und Schwächen, sondern auch an einzelnen damit behafteten Personen gemeinsam. Denn der Begründer der Gattung, C. Lucilius (158?–103/102 v. Chr.), wagte es noch, zur Zielscheibe satirischer Angriffe Zeitgenossen, ja sogar mächtige römische Politiker zu machen. Q. Horatius Flaccus (65–8 v. Chr.) dagegen verzichtete betont auf jegliche persönliche Invektive, begnügte sich also mit dem nicht auf Individuen bezogenen Anprangern moralischer Defekte. Dass sein satirischer Ich-Sprecher insbesondere vor dem Tun und Treiben der im Staat Herrschenden wortwörtlich die Augen verschließt, gibt dieser einmal wie folgt zu erkennen: Als sein Patron Maecenas in seiner Nähe mit Octavian und M. Antonius zusammentrifft, um zwischen ihnen zu vermitteln, reibt er sich seine von einem Katarrh befallenen Lider mit einer schwarzen Salbe ein und wird somit ›blind‹ für die politische Aktion (*Sat.* 1,5,30f.). Damit ist vergleichbar, dass einer der beiden späteren prominenten Vertreter der Gattung, Persius (34–62 n. Chr.), seinen Ich-Sprecher erzählen lässt, er habe als Kind oft durch Bestreichen seiner Augen mit Öl verhindert, dass er vor Zuhörern die Worte rezitieren musste, die der jüngere Cato (95–46 v. Chr.) sprach, bevor er zur Demonstration seiner unbeirrt republikanischen Haltung gegenüber Caesar (100–44 v. Chr.) den Freitod wählte (3,44–47). Der Selbstmörder aus stoischer Überzeugung war während der frühen Kaiserzeit, in der Persius lebte, eine Symbolfigur der geistigen Opposition gegen die Caesaren. Wir dürfen mithin der Wiedergabe dieser Szene einen Hinweis darauf entnehmen, dass die satirische Persona des Persius sich ebenso wie die des Horaz vor allem der Polemik gegen einflussreiche Zeitgenossen enthielt, und darin schloss sich ihr die Persona des jüngsten unter den vier Klassikern der römischen Verssatire an: Decimus Iunius Iuvenalis (um 55–nach 130 n. Chr.).

Dichtung und Wahrheit

Über das Leben des Aules Persius Flaccus, der ein einziges Satirenbuch mit insgesamt nur 664 Versen hinterließ, berichtet gleichwohl eine der längsten unter den Dichterbiographien, die wir aus der Antike haben. Unter dem Namen des Philologen Valerius Probus (1. Jh. n. Chr.) überliefert, geht sie sehr wahrscheinlich nicht auf ihn, sondern auf Sueton (ca. 70–ca. 130 n. Chr.) zurück. Wie auch sonst dessen Viten bietet sie historisch zweifelsfrei Glaubwürdiges neben ›Fakten‹, die den Argwohn erregen, aus dem Werk herausgesponnen zu sein. Als sicher darf Folgendes gelten, das zum Verständnis des Satirenbuchs von Bedeutung ist: Der Dichter wurde am 4. Dezember 34 n. Chr. im etruskischen Volaterrae als Sohn eines mit Römern der Oberschicht verwandten Ritters geboren und starb am 24. November 62 n. Chr. im Alter von nur knapp 28 Jahren in der Nähe von Rom. Seine Ausbildung, welche die Voraussetzung für seine Befähigung zum *poeta doctus* schuf, erhielt er bei dem renommierten Philologen Remmius Palaemon, der für seine Bevorzugung klassischer römischer Autoren gegenüber archaischen bekannt war, dem Rhetor Verginius Flaccus und vor allem dem stoischen Philosophen L. Annaeus Cornutus; mit dessen Lehren wurde er in einer ›sokratischen‹ Lebensgemeinschaft, die seine Persona in Satire 5 idealisiert, vertraut gemacht. Zu seinen Freunden gehörten außer M. Annaeus Lucanus (39–65), dem Verfasser des caesarfeindlichen Epos *De bello civili* (›Der Bürgerkrieg‹), P. Paetus Thrasea, der ein Bewunderer des jüngeren Cato und Stoiker wie Cornutus war – Nero verurteilte ihn 66 n. Chr. zum Tode –, und der Lyriker Caesius Bassus, an den Satire 6 in Form einer Versepistel adressiert ist.

Wenn die Vita nun berichtet, das Satirenbuch sei nicht vollendet, am Schluss zum Zweck der Abrundung um einige Verse vermindert, von Cornutus leicht gekürzt und von Caesius Bassus ediert worden, besteht eigentlich kein Grund, diese Information infrage zu stellen. Aber wir haben das Recht, anhand von Strukturanalyse und anderen Überlegungen zu prüfen, ob es wahrscheinlich ist, dass Persius seinen *liber* nicht selbst zum Abschluss brachte. Die Tatsache, dass die Persona des Dichters Cornutus in der vorletzten und Bassus in der letzten Satire anspricht, er die beiden also als mit ihm besonders verbunden präsentiert, weckt immerhin den Verdacht, dass dies die Basis für die Nachricht über die Werkedition lieferte. Stilisiert mutet auf jeden Fall die Angabe an, Persius sei »von sehr sanftem Charakter, jungfräulicher Schamhaftigkeit, einer schönen Gestalt und einer beispielhaften Zuneigung zu seiner Mutter, Schwester und Tante sowie genügsam und sittsam« gewesen (§ 6). Früh Dahingegangene sind meistens brav und gut aussehend, und da der Ich-Sprecher des Horaz in zwei Satiren den Vater als wichtige Bezugsperson preist (*Sat.* 4 und 6), könnte Sueton oder seine Quelle ihm Persius, dessen satirisches Ich anders redet und denkt als das des Vorgängers, als Muttersöhnchen kontrastiert haben; vielleicht hat auch die Szene mit Oma und Tante in 2,31–40 eingewirkt. Und mag die Information der Vita zutreffen, der Dichter sei einem Magenleiden erlegen (§ 9), so ist doch auffällig, dass das in der Vita für ›Magen‹ verwendete Wort *stomachus* auch ›Groll, Ärger, Unmut‹ bedeutet. Woran wäre ein Satiriker, dessen Verse genau diese Affekte ständig artikulieren, wohl passender gestorben?

Sollte es auf Erfindung beruhen, dass dem Satiriker sein *stomachus* das Leben raubte, würden hier realer Autor und satirischer Ich-Sprecher gleichgesetzt, wozu u. a. Sueton immer wieder neigt. Moderne Literaturwissenschaft muss in der Lage sein, zwischen beidem zu trennen. Doch offenbar gerade deshalb, weil der Biograph so viel über Persius weiß, wurde man dazu verlockt, das Satirenbuch biographisch zu interpretieren, und das selbst in allerjüngster Zeit. So teilte Kenneth Reckford noch in seiner Persius-Monographie von

2009 die durch A. E. Housman schon Anfang des 20. Jahrhunderts vertretene Ansicht, der Persius-Text sei ein Dokument philosophischer Autotherapie. Dazu bemerkt Reckfords Rezensent Martin Korenjak (s. S. 133) mit Recht: »Plausibel machen ließe sich das nur durch den Nachweis, dass vergleichbare Vorstellungen über Selbsterkenntnis und inneren Fortschritt durch Dichten bereits in der Antike existieren, doch diesen Nachweis bleibt R. schuldig.«

Sehr verbreitet in der angloamerikanischen Latinistik ist auch der Versuch, zwischen den Zeilen Angriffe auf Nero zu entdecken. Aber schon die in einem Anhang zur Vita erhobene Behauptung, Vers 1,121 »Wer hat keine Eselsohren?« sei von Cornutus postum an die Stelle von »Eselsohren hat König Midas« gesetzt worden, da das ein gegen den Kaiser gerichteter Vers sei (§ 10), klingt unglaubhaft. Abgesehen davon, dass unsere antiken ›Zeugnisse‹ von Nero in der Regel ein betont negatives Bild vermitteln, das der Realität keineswegs entsprechen muss, konnte Persius den Prinzeps nicht mehr in den Jahren erleben, in denen dieser laut Autoren wie Tacitus und Sueton endgültig zum Tyrannen entartete. Gewiss, dass der Satiriker von den mit ihm befreundeten Stoikern prinzipatskritisch geprägt war, ist mit größter Wahrscheinlichkeit anzunehmen, aber sein Werk enthält nicht nur so gut wie keinen einzigen Zeitbezug, sondern auch keine politische Äußerung. Vielleicht fühlt man sich zum Fahnden nach versteckter Polemik gegen Nero dadurch ermuntert, dass der Persius-Text seit der Renaissance allgemein als dunkel, ja verrätselt betrachtet wird. Aber ist er das wirklich?

Metaphern beim Wort genommen

Wie es aussieht, empfand in Antike und Mittelalter niemand von den heute bekannten Rezipienten außer einem griechischen Gelehrten (dazu später) das Satirenbuch als obskur. Was die darin sicherlich enthaltenen Anspielungen auf nicht mehr zugängliche Texte und uns nicht berichtete Ereignisse betrifft, ist uns das volle Verständnis der Verse, in denen man dergleichen mindestens vermuten darf, nun einmal verschlossen. Aber das gilt für andere antike Autoren ebenfalls. Auch nicht alle Probleme, welche durch ungewohnten Sprachgebrauch bereitet werden, sind eindeutig zu lösen; man kann z. B. darüber streiten, ob *maris* in 6,39 zu *mare* oder *mas* gehört und ob *adeo* in 6,51 Adverb oder 1. Person Singular Indikativ Aktiv von *adire* ist. Unüberwindbar erscheinende sprachliche Schwierigkeiten lassen sich darauf zurückführen, dass Persius sich u. a. in Abgrenzung von Horaz seine eigene satirische Diktion schuf. Charakteristisch dafür ist das Nebeneinander von kolloquialem oder sogar vulgärem mit hochpoetischem Stil, und zu diesem gehören neben selten benutzten Wörtern und Wendungen Neologismen sowie lexikalische und syntaktische Archaismen und Gräzismen.

Zwei stilistische Phänomene seien hervorgehoben. Bei dem einen handelt es sich um gesuchte Junkturen wie *canere Pegaseium nectar* gleich im Prolog (V. 14). Es bedeutet wörtlich ›pegaseïschen Nektar singen‹, ist mithin bei erstem Lesen unverständlich, wenn man nicht ›von pegaseïschem Nektar singen‹ übersetzt. Aber das klingt so abwegig, dass es nicht gemeint sein kann. Also regiert *canere* tatsächlich ein inneres Objekt, und der Göttertrank *nectar* wird gesungen wie sonst ein Lied. Das Adjektiv *Pegaseus* wiederum, abgeleitet von *Pegasus,* dem geflügelten Dichterross, zeigt an, dass das Gesungene einen poetischen Inhalt hat. Weil es als Trank flüssig ist, soll man die Metapher ›etwas fließt von den Lippen‹ assoziieren, und so ergibt sich: Es geht um Singen in anspruchsvoller poetischer Diktion, bei der die Worte aus dem Mund des Singenden ›hervorströmen‹, also in ihrer kunstvollen Verknüpfung einen kontinuierlichen Wohlklang erzeugen.

Die zweite exemplarisch zu erörternde stilistische Erscheinung ist die Metaphorik, welche die Diktion des Persius entscheidend prägt. Er verwendet Metaphern oft nicht allein als solche, sondern nimmt sie beim Wort, indem er von der übertragenen die eigentliche

Bedeutung mittransportieren lässt. Ein sehr einfaches Beispiel liefert der Vergleich eines Passus in Satire 1 des Persius, der eine ›eigentlich gemachte‹ Metapher aufweist, mit dem Passus in Satire 2,1 des Horaz, den der jüngere Satiriker intertextuell evoziert. In diesem Gedicht wird die Persona des Horaz von der des Juristen Trebatius vor den Folgen eines unbekümmerten Verfassens satirischer, speziell invektivischer Texte gewarnt (V. 61b–63a):

'o puer, ut sis
vitalis metuo et maiorum ne quis amicus
frigore te feriat.'

(»Ach, mein Junge, ich fürchte, dass du damit nicht alt wirst und einer von deinen mächtigen Freunden dich mit Kälte straft.«)

Hier ist »Kälte« metaphorisch für ›Ungunst, Ungnade‹ gebraucht, bezeichnet aber natürlich nicht etwas physisch Kaltes. Auch in der Persius-Satire 1 warnt ein Dialogpartner, in diesem Text ein anonymer, den Ich-Sprecher: Er sei drauf und dran, »zarte Öhrchen mit beißender Wahrheit zu kratzen« (V. 108f.):

'... vide sis, ne maiorum tibi forte
limina frigescant ..'

(»... Sieh zu, dass nicht etwa dir gegenüber die Schwellen der Mächtigen frostig werden ...«)

In Bezugnahme auf den horazischen Prätext sind zunächst einmal die »mächtigen Freunde« durch deren Schwellen ersetzt, und diese übernehmen es, »ungnädig« zu sein. Aber zugleich wird die Vorstellung evoziert, dass der Dichter als Klient an einem frühen Morgen in eisiger Kälte auf der Schwelle seines Patrons ewig warten muss, ihm den rituellen Gruß entbieten zu können, und dass die Schwelle dabei wirklich »frostig« ist. Man darf davon ausgehen, dass die zeitgenössischen Leser, da sie ausschließlich der Bildungsschicht angehörten, nicht nur diesen Sprachwitz verstanden und sich zudem an die dahinter steckende Horaz-Passage erinnerten, sondern auch alle anderen Verse, in denen Persius Metaphern ›beim Wort nimmt‹, zu entschlüsseln vermochten. Für sie war das Ganze in der Regel ein Wiedererkennungsspiel, kein Rätselraten. Für uns dagegen ist Persius aufgrund seiner sprachlich-stilistischen Eigentümlichkeiten einer der am schwersten zu verstehenden lateinischen Autoren. Wir sehen uns daher in sehr hohem Maße auf Kommentierung angewiesen, aber das können wir ebenso bei der Lektüre eines Textes von Lawrence Sterne, Jean Paul oder Arno Schmidt sein. Erklärungen, die man bräuchte, fehlen freilich oft in Ausgaben der Werke von Autoren wie diesen, und trotzdem lesen wir sie. Den geistigen Denksport, den sie uns ermöglichen und der sie lesenswert macht, offeriert auch Persius, aber das zu erkennen und zu würdigen zeigten sich die Latinisten lange nicht bereit, und viele sind es nach wie vor nicht. Persius ist deshalb noch bei Weitem nicht so gründlich erforscht wie die meisten römischen Dichter, was u. a. für die Struktur seines Satirenbuches und die einzelnen Satiren gilt.

Rolle mit eingebauter Fortsetzungsgeschichte

Gedichtbücher wie das des Persius lasen die Römer zu seiner Zeit auf horizontal aneinander geklebten Seiten, die zusammengerollt und zur Lektüre aufgewickelt wurden. Da man somit nicht darin blättern konnte wie heute in einem Buch, bot es sich an, die sieben Gedichte in der Reihenfolge zu lesen, in welcher der Dichter sie auf der Rolle angeordnet hatte. Jüngere Untersuchungen haben anhand mehrerer solcher *libri* überzeugend dargelegt, dass diese für die lineare Lektüre konzipiert sind. Der *Saturarum liber* des Persius blieb dabei bisher ausgespart, weil manche Latinisten für sehr gut vorstellbar halten, dass die überlieferte Buchstruktur nicht von dem Dichter stammt, und der Biographie des Ps.-Probus glauben, wir hätten ein unvollendetes, von Cornutus überarbeitetes Opus vor uns. Aber selbst wenn das zutreffen sollte, enthebt uns das nicht der Pflicht, den Buchaufbau im Vergleich mit den bisher als kunstvoll strukturiert erwiesenen Büchern römischer Dichter in den Blick zu nehmen. Das kann hier nicht detailliert unternommen werden, aber eines lässt sich auf jeden Fall schon sagen: Die Abfolge der Themen, welche im Zentrum der einzelnen Satiren stehen, erscheint sehr sinnvoll.

Der Ich-Sprecher präsentiert sich in einem aus 14 Hinkjamben zusammengesetzten Vorspruch (der in einigen Kodizes sicher zu Unrecht am Ende platziert ist) als ein *poeta*, der nicht eine Dichterweihe erlebt zu haben fingiert wie manche zeitgenössischen Kollegen. Das lehnt er ab, weil er diese zu ihrer Tätigkeit durch Hunger und Geldgier motiviert sieht. Damit charakterisiert er sich als Außenseiter, und mit der für Prologe typischen Bescheidenheitsgeste erklärt er sich zu einem *semipaganus* (›Halbbauer‹), tut also so, als sei er kein *poeta doctus*, was er aber in Wirklichkeit ist. Im ersten der sechs Hexametergedichte weitet er dann sein negatives Bild von dem für ihn gegenwärtigen Literaturbetrieb zu einer amüsanten Karikatur aus und bezieht daraus die Rechtfertigung, nunmehr auf seine Art zu dichten. Das kann nach Betrachtung der auch moralisch fragwürdigen Figuren, die er bisher bloßgestellt hat, nur satirische Sittenkritik sein, wie die Persona des Horaz sie ebenfalls übt. Vier Themen hat der im Persius-Text »ich« Sagende ausgewählt, die er in deutlicher Steigerung seines persönlichen Engagements zunächst in den Gedichten 2–5 behandelt, um das Buch dann durch eine Versepistel an einen Freund, die Satire 6 zu einer Art Epilog macht, abzurunden.

Am Anfang der fünf moralkritischen Satiren steht als Nr. 2 eine Diatribe gegen Menschen, die eigennützige Gebete an die Götter richten, und da der *poeta* mehrfach Jupiter nennt, hält er sich an die von Arat (ca. 310/300 – ca. 250 v. Chr.) in V. 1 von dessen *Phainomena* (›Stern- und Wetterzeichen‹) verkündete und von mehreren römischen Dichtern vor Persius zitierte Devise: »Mit Zeus lasst uns beginnen!« Es folgt in Satire 3 eine Ermahnung an einen jungen Mann, nicht aus Trägheit das Bemühen um eine im Geiste der Moralphilosophie sinnvolle Lebensführung zu vernachlässigen. Die dafür erforderliche Selbsterkenntnis in Verbindung mit einer impliziten Verurteilung von zwei Typen, die statt auf sich selbst auf andere schauen und diese schlecht machen, ist Thema von Satire 4. Den Höhepunkt der Gedichtreihe, die man als Abfolge von Stationen eines Lehrgangs lesen kann, bildet das fünfte Gedicht – es ist mit 191 Versen das längste – mit dem Bericht des Ich-Sprechers über seine Hinwendung zur Stoa und die aus ihr gewonnene Erkenntnis: Frei sei nur, wer durch Philosophie z. B. Habgier, Genusssucht, sklavische Hingabe an die Liebe und Aberglaube als negativ begreift. In dem ›Epilog‹ thematisiert der *poeta* nochmals die Habgier, aber jetzt mit Blick auf die eigene Lebensform, die vom Streben nach der Mitte zwischen Sparsamkeit und Verschwendung geprägt sein und wahrhaften Genuss des Daseins ermöglichen soll.

Immer wieder findet man in römischen Gedichtbüchern, dass sie offen oder versteckt eine ›Geschichte‹ nachzeichnen. Bei Persius geschieht das nicht nur innerhalb der Sequenz der drei Stationen eines Lehrgangs (Satiren 3–5), sondern überdies dadurch, dass der Dichter in den Satiren 2–6 Phasen eines menschlichen Lebenslaufes aneinanderreiht. Ihre Abfolge wird durch eine eindrucksvolle Szene eingeleitet, die man erst bei der Zweitlektüre als Auftakt zu der ›Geschichte‹ erkennt: Es sind die Verse 2,31–40, in denen Großmutter und Tante mit einem Hexenritual illusorische Wünsche für die Zukunft eines Kleinkinds verbinden. Satire 3 porträtiert einen jungen Mann. der noch Philosophie studiert und dazu aufgefordert werden muss, dabei zu bleiben; in diesem Zusammenhang erzählt der Ich-Sprecher, wie er sich als Knabe, dem kindliche Spiele das Wichtigste waren, vor dem Deklamieren drückte (V. 44–51). Im vierten Gedicht hält sich ein junger Mann, der in der Rolle des Alkibiades spricht, schon für reif genug, sich als Politiker zu profilieren, ist es aber nicht, wie Sokrates ihm aufzeigt. Zur Reife gelangt aber in Satire 5 der Ich-Sprecher als junger Mann, der sich Cornutus anvertraut. Seinem Bericht darüber schickt er eine Skizze seines Werdegangs vom Anlegen der Männertoga bis zum Übertritt in die Lebensgemeinschaft mit dem Philosophen voraus (V. 30–36a). Wir haben also eine ›Jünglings-Trilogie‹ vor uns, die eine Klimax bildet. Daran schließen sich im ›Epilog‹ die Ausführungen des Ich-Sprechers zu einer Daseinsform der goldenen Mitte und ein Dialog mit einem potentiellen Erben an.

Vom Anfang der Satire 3, der eine im Sommer spielende Szene entfaltet, spannt sich ein Bogen zu dem ›Winterschlaf‹, in dem der »ich« Sagende zu Beginn von Satire 6 das Meer an der ligurischen Küste sieht. Im letzten Vers dieser Satire wird der Gesprächspartner als »Beendiger« (*finitor*) von Chrysipps ›Haufen‹ apostrophiert. Das setzt verbal einen Endpunkt, aber da der Haufenschluss des stoischen Philosophen (3. Jh. v. Chr.), der damit gemeint ist, eine arithmetische Reihe entweder gegen Null oder gegen Unendlich konvergieren lässt (s. S. 128), ergibt sich für den Leser, dass für ihn die Lektüre entweder *finita* ist oder er den Papyrus beliebig oft zusammenrollt und wieder aufwickelt. War es wirklich Cornutus als Bearbeiter, dem der Schluss des *liber* diese Art von *sense of an ending* verdankt? Angesichts der sorgfältig durchdachten Buchkomposition, die, hier nur in Konturen analysiert, von niemandem anders stammen dürfte als von Persius, möchte ich das ernsthaft bezweifeln.

Kommt man von der Makrostruktur des Buches zur Mikrostruktur der einzelnen Satiren, stößt man bei der Analyse des Gedankengangs auf Schwierigkeiten, zumindest auf den ersten Blick. Denn mehrfach ist das Überwechseln von einem Punkt der Darlegung zum nächsten abrupt, z. B. beim Anschluss von 5,140 an 139. Die personifizierte Habgier hat gerade einen trägen Mann zu einer gewinnbringenden Kauffahrt und Bereitschaft zum Meineid ermahnt und ihm, weil er Bedenken dagegen äußert, die ihm drohende Armut ausgemalt, worauf sie unvermittelt sagt: »Schon (*iam*) legst du, hoch gegürtet, den Sklaven Rucksack und Weinkrug auf. Schnell zum Schiff!« Das verwirrt ein wenig, weil wir ergänzen müssen, dass sie ihn überredet hat. Aber der zeitgenössische Leser kannte aus dem Epos das nahezu formelhafte *iam*, das auf Geschehenes, aber nicht Berichtetes folgt, z. B. zu Beginn von Buch 3 der *Metamorphosen* Ovids: Nachdem das Ende von Buch 2 Europa auf dem Rücken des schwimmenden Stiers beschrieben hat, erfahren wir jetzt nur, »schon« habe sich dieser nach seiner Rückverwandlung als Jupiter zu erkennen gegeben und wohne auf Kreta, während die Liebesvereinigung mit der Entführten ausgespart bleibt. Zu dem in einem solchen Fall erforderlichen ›Ergänzungsspiel‹ (Peter Bing) sind wir heute nicht immer ohne Weiteres in der Lage. Der Gedankengang einer Satire ist also hie und da in der Tat nicht einfach nachvollziehbar. Aber Persius hat die sieben Texte klar gegliedert – Nr. 2 weist sogar eine symmetrische Anordnung von vier Blöcken nach dem Schema ABB′A′ auf (Kißel, Kommentar S. 290f.) –, und außer beim ›Epilog‹ erleichtert stets Ringkomposition die Übersicht über ein Gedicht als Ganzes.

Trotz der bisher genannten Schwierigkeiten ist, was der Wortlaut des Prologs und der sechs Satiren direkt aussagt, für moderne Leser, sofern sie mit antiker Literatur einigermaßen vertraut sind, ohne Hilfe eines gelehrten Kommentars im Großen und Ganzen erfassbar. Indirekte Aussagen dagegen, für deren Wahrnehmung man über spezielles Vorwissen verfügen muss, verschließen sich z. B. dann, wenn der Dichter einen intertextuellen Bezug herstellt und man das nicht würdigen kann, weil man das evozierte Werk nicht kennt. Die Fähigkeit, dieses ›mitzulesen‹, erhöht aber das geistige Vergnügen an der Lektüre erheblich, vor allem dann, wenn das kulturelle Gedächtnis sich an eine Horaz-Passage zu erinnern vermag.

Dialog mit Horaz [et al.]

Mit seinen literarischen Anspielungen, die sich in über der Hälfte aller Persius-Verse finden, greift der Satiriker auf die römische Poesie von Plautus bis Ovid zurück, wobei Horaz-Verse das weitaus größte Kontingent bilden. Mit seinem Vorgänger in der Gattung führt Persius regelrecht einen Dialog, was offenkundig aus Verehrung für den »Klassiker« der Verssatire geschieht, aber auch auf die Unterschiede aufmerksam machen soll, die zwischen den beiden satirischen Diskursen bestehen. Alle Themen des jüngeren Dichters berühren sich in irgendeiner Weise mit denen des älteren: Die literaturtheoretischen Äußerungen im Prolog und in Satire 1 sind in mehreren Punkten mit der Poetologie der Satiren 1,4, 10 und 2,1, der Episteln 1,19, 2,1 und 2 sowie der sogenannten *Ars poetica* verwandt. Inhaltlich noch enger berühren sich die moralphilosophischen Satiren 2–5 des Persius mit den Satiren 1,1–3 und 2,3 und 7 des Horaz, aber vergleicht man z. B. Persius 5 mit Horaz 2,3, zeigen sich Diskrepanzen. In beiden Gedichten werden Habgier, Genusssucht, sklavische Hingabe an die Liebe, Ehrsucht und Aberglaube sittlich verurteilt (5,132–188 / 2,3,82–295). Doch bei Horaz spricht nicht seine Persona, sondern die lächerliche Figur des Stoikers Damasippus, der mit seinen Exempeln für die erwähnten Formen von moralischen Defiziten den stoischen Lehrsatz belegen will, dass jeder Unvernünftige wahnsinnig sei, während bei Persius dessen Persona nach ihrem Lob des Stoikers Cornutus dazu übergeht, selbst zu dozieren: Nur derjenige sei frei, der auf philosophischer Basis sich von den fünf Lastern fernhalte; das lehrt ebenfalls eine stoische Doktrin. Horaz drückt seine ironische Einstellung gegenüber dem Vortrag zum Thema allein schon durch die Wahl des nicht ernst zu nehmenden Redners aus, aber auch der Vortrag des kaiserzeitlichen Satiriker-Ichs entbehrt nicht der Ironie. Darauf ist zurückzukommen. Zunächst betrachten wir einige Fälle von Intertextualität bei Persius und schicken den Anspielungen auf Horaz zwei Passagen voraus, in denen die Werke anderer Dichter evoziert werden.

In 3,58f. sagt der Sprecher zu dem jungen Mann, der sein Philosophiestudium vernachlässigt:

stertis adhuc laxumque caput compage soluta
oscitat hesternum dissutis undique malis.

(Du aber schnarchst noch, und dein schlotteriger Kopf, der aus den Fugen geraten ist, klafft noch von gestern, wobei deine Kinnbacken auf beiden Seiten aus den Nähten gehen.)

Das erinnert an einen Vers in den *Annalen* des Ennius, über einen Mann, dem in einer Schlacht der Kopf abgeschlagen wurde:

oscitat in campis caput a cervice revulsum.

(Es klafft auf dem Feld der Kopf, vom Nacken gerissen.)

Durch den Textbezug vergleicht der Mahner den gähnenden Faulenzer, der nicht mehr um den Erwerb von philosophischem Wissen kämpft, mit einem Toten. Intertextualität kann auch dadurch erzeugt werden, dass der Prätext seinerseits einen ›Durchblick‹ auf einen Prätext eröffnet, also eine ›window reference‹ vorliegt. Das ist bei bekannteren Texten leicht zu würdigen, wenn z. B. Vergil, *Aeneis* 6,692f. über Catull 101,1f. eine Brücke zu Homer, *Odyssee* 1,3f. schlägt. Persius stellt höhere Ansprüche, indem er mit 5,41 über Vergil, *Ekloge* 9,51f. auf Kallimachos, *Anthologia Graeca* 7,80 zurückgreift:

tecum etenim longos memini consumere soles.

(Denn mit dir – ich erinnere mich gut – habe ich lange (Sonnen-)Tage ganz und gar verbracht.)

saepe ego longos
cantando puerum memini me condere soles.

(Oft habe ich durch Singen als Knabe – ich erinnere mich gut – lange Sonnen(tage) zum Untergang gebracht.)

ἐμνήσθην δ' ὁσσάκις ἀμφότεροι
ἥελιον λέσχῃ κατεδύσαμεν.

(Ich erinnere mich, wie oft wir im Gespräch die Sonne haben untergehen lassen.)

Der Ich-Sprecher, der sich die Lehrer/Schüler-Gemeinschaft mit Cornutus ins Gedächtnis ruft, erweitert die Vergegenwärtigung der Szenerie implizit durch das Motiv der ›Idylle‹ (als die einer bukolischen Landschaft) und das der ›Freundschaft‹, welches bei Kallimachos zum Ausdruck gebracht wird.

Horaz sagt in einer seiner gattungstheoretischen Satiren zu einem zeitgenössischen Dichter namens Crispinus, er selbst rede (d. h. dichte) selten und wenig, der Angesprochene dagegen solle nur »mit Hochdruck produzieren« (Kießling/Heinze z. St.), und dafür wählt er dieses Bild (1,4,19–21):

at tu conclusas hircinis follibus auras
usque laborantes, dum ferrum molliat ignis,
ut mavis, imitare.

(Doch du magst, wenn du das lieber willst, die im ziegenledernen Blasebalg eingeschlossene Luft nachahmen, die fortwährend arbeitet, bis das Feuer das Eisen weich macht.)

Darauf spielt Persius mit 5,10f. an:

tu neque anhelanti, coquitur dum massa camino,
folle premis ventos, nec ....

(Du presst weder aus keuchendem Blasebalg, während die Masse in der Esse kocht, die Winde heraus, noch ...)

Der angeredete Dichter ist hier der Ich-Sprecher, der zu Beginn der Satire 5 gegenüber Cornutus andeutet, er könne wie ein Tragiker oder ein Epiker hundert Münder für den Preis seines Lehrers fordern. Aber dieser fällt ihm ins Wort und sagt, eine solche Art des Dichtens möge er denen überlassen, die »großartig sprechen wollen«, wo doch er nicht das tue, was die Verse 10f. ausdrücken. Die Persona des Persius presst ja wirklich keine Luft aus einem Blasebalg, aber der intertextuelle Bezug zu den Horaz-Versen zeigt, dass der jüngere Dichter wieder einmal eine Metapher eigentlich macht, während der Vorgänger einen Vergleich anstellt. Persius charakterisiert so sehr eindringlich und anschaulich Tragödie und Epos mit ihrem Pathos und ihrer anspruchsvollen Thematik als ›große‹ Dichtung, der Kallimachos im Prolog zu seinen *Aitia* (Erklärungsmythen) die ›kleine‹ Dichtung vorzieht. Für den hellenistischen Dichter ist das Poesie, die nicht nur geringen Umfang hat, sondern auch die Könige und Helden der Epen und Tragödien durch normale Sterbliche und ihre heroischen Taten durch alltägliche Begebenheiten sowie in der sprachlichen Darbietung Pathos durch schlichte Diktion, Witz und Ironie ersetzt. Das entspricht ganz der Poetik des Horaz, zu der er sich u. a. in *Sat.* 1,4,19–21 bekennt und der sich Persius ebenfalls verschrieben hat. Indem dieser den Vergleich des älteren Satirikers zu einer Metapher umformt und sie ›beim Wort nimmt‹, gibt er noch deutlicher als Horaz zu verstehen, dass er in der Tradition des Kallimachos dichtet.

Auch Anspielungen auf Horaz-Verse kann Persius wie in dem oben betrachteten Vers 5,41 ›zusammenfügen‹, z. B. in 3,96f. Dort sagt ein an Malaria Erkrankter, der sich genesen glaubt und deshalb die vom Arzt verordnete Ruhe nicht mehr einhält, zu jemandem, der ihn warnend auf seine gelbe und »leise« anschwellende Haut hingewiesen hat:

> *‘at tu deterius palles. ne sis mihi tutor.*
> *iam pridem hunc sepeli: tu restas.’*

> (»Du bist noch schlimmer bleich. Sei nicht mein Vormund.
> Schon längst habe ich den begraben: Du bist noch übrig.«)

Horaz hatte einen Geizhals in 2,3,88 zu einem Erben sagen lassen: *ne sis patruus mihi* (»Sei nicht ein Onkel mir gegenüber«), d. h., dieser solle ihn nicht bevormunden, und der Kranke, der seinen Warner ebenso dazu auffordert, ›zitiert‹ mit 3,97 aus der berühmten Satire des Horaz über die Begegnung seiner Persona mit einem nicht abzuwimmelnden Schwätzer. Als der *poeta* ihn fragt, ob er noch Verwandte habe, antwortet er:

> *'haud mihi quisquam: omnes composui'*
>
> (»Nein, niemanden: Alle habe ich ins Grab gebracht.«)

Daraufhin sagt der Dichter a parte:

> *'felices! nunc ego resto. confice!'*
>
> (»Die Glücklichen! Jetzt bin ich noch übrig. Gib mir den Rest!«)

Wie man sieht, wandelt Persius die Situation in sehr amüsanter Manier ab: Der Kranke, der sich nicht umstimmen lässt, hat nicht nur jemanden begraben, sondern er äußert sich auch noch sarkastisch gegenüber dem Dialogpartner. Bei Horaz hat der Dialogpartner, der gleichfalls nicht zur Änderung seines Verhaltens zu bewegen ist, Leute begraben, sarkastisch redet dagegen der Ich-Sprecher, allerdings unhörbar für den anderen. Immer wieder zeigt sich Persius als ausgesprochen witziger Autor, nicht zuletzt in seinen literarischen Anspielungen. Er ist aber durchaus nicht allein der *poeta doctus*, als den ihn seine intertextuellen Bezüge ausweisen, denn er kann auch sehr anschaulich erzählen. So streut er etwa mehrere kurze Schilderungen von Szenen aus dem täglichen Leben in seine Satiren ein, darunter die Geschichte von dem zu früh an seine Genesung glaubenden Mann, dessen plötzlicher Tod im Bad uns erschreckend veristisch vergegenwärtigt wird (3,98–102). Derartige Momentaufnahmen finden sich ebenso in den Satiren des Horaz, aber diejenigen des Persius sind in ihrer Realitätsnähe so mitreißend, wie man es von dem Vorgänger nicht kennt. Etwas mit dem Horror jener Sterbeszene Vergleichbares sucht man bei Horaz vergebens.

Eine wesentliche Diskrepanz zwischen den beiden Satirikern besteht darin, dass die Persona des älteren eine Moralphilosophie vertritt, die sich eng mit dem Epikureismus berührt, und sich über die Anhänger der Stoa mehrfach lustig macht, während der Ich-Sprecher bei Persius dieser Philosophie als Schüler des Cornutus anhängt. Aber unterscheidet der jüngere Satiriker sich damit wirklich gravierend von Horaz? Dazu ist Folgendes zu sagen: Weder die Verse des einen noch die des anderen Satirikers transportieren Dogmen der jeweiligen Schule im engeren Sinne, sondern popularphilosophische Gemeinplätze. In der von den beiden Dichtern gewählten Form der Präsentation verringern sich die Unterschiede zwischen Epikureismus und Stoa, die beide z. B. Habgier sittlich verurteilen; beide stimmen ja darin überein – und das verbindet sie auch mit den anderen hellenistischen Moralphilosophien –, dass sie den Verzicht auf das Unverfügbare postulieren. Horaz porträtiert zwar den Stoiker Damasippus als komischen Prediger seiner Philosophie und ironisiert diese dadurch, aber was er den Mann über die einzelnen Laster sagen lässt, lehnt er ganz sicherlich nicht ab. Umgekehrt trifft es keineswegs zu, dass die Persona des Persius stoische Ethik mit dem eifernden Ernst lehrt, den man ihr oft unterstellt hat. Allein schon durch die eingesprengten Vulgarismen und die grotesken Karikaturen moralisch ›unphilosophisch‹ handelnder Figuren ist dem Dozieren ein Schuss von Ironie beigegeben, den man nicht ignorieren kann. Exemplarisch belegt sei die Fähigkeit des Persius, die ihm von Cornutus vermittelte Weisheit mit leichtem Augenzwinkern zu betrachten, durch eine Passage, in der wieder eine Metapher eigentlich gemacht wird. Der Ich-Sprecher weist dort jenen lernunwilligen jungen Mann darauf hin, dass diesem die Philosophie der Stoa nicht fremd sei, indem er sagt (3,52–55):

haut tibi inexpertum curvos deprendere mores,
quaeque docet sapiens bracatis illita Medis
porticus, insomnis quibus et detonsa iuventus
invigilat siliquis et grandi pasta polenta.

> (Dir ist es nicht unvertraut, die krummen Sitten zu erfassen und das, was die weise Säulenhalle die mit hosentragenden Medern bepinselt ist, lehrt, das, worüber schlaflos und geschoren die Jugend wacht, ernährt mit Schoten und derber Polenta.)

Das griechische Lexem *stoá* bedeutet ›Säule, Säulenhalle‹, und einer Säulenhalle in Athen, in der sich Lehrer und Schüler der von Zenon um 300 v. Chr. begründeten Philosophenschule trafen, verdankt diese den Namen Stoa. Die Säulenhalle als solche nannte man, weil es darin Wandbemalung gab – u. a. soll dazu eine Abbildung der Schlacht der Griechen gegen die Perser bei Marathon (490 v. Chr.) gehört haben –, *stoá poikílē* (›bunte Halle‹). Perseus in der Rolle des Mahners zur Beschäftigung mit Philosophie nimmt ›Stoa‹ beim Wort, indem er sagt, dass die Säulenhalle doziert, und bei der Erwähnung der Perser, die er Meder nennt, hebt er hervor, was die Römer als *togati* an manchen ›Barbarenvölkern‹ immer wieder seltsam fanden: dass bei ihnen die Männer behost waren. Außerdem sind für ihn die Meder an die Wand »gepinselt« (die Grundbedeutung von *illinere* ist ›bestreichen, beschmieren‹), was nicht gerade von Respekt vor dem ehrwürdigen Ort zeugt. Stellt man sich dazu die schlaflosen, geschorenen, von karger Kost lebenden Jünger der Stoa vor – sie erinnern an die Nachtgestalten in der »Denkerbude« des Sokrates in den *Wolken* des Aristophanes –, empfindet man die berühmte Philosophenschule insgesamt als eher komisch charakterisiert. Persius bringt uns also mindestens zum Schmunzeln, aber das dürfte ihm weder mit den Vertretern der christlichen Latinität in Spätantike und Mittelalter noch mit den Philologen der Neuzeit bis weit ins 20. Jahrhundert gelungen sein, ja gelingt ihm auch heute nur bei wenigen unter den Letzteren. Wir kommen damit zum Fortwirken des Satirikers.

Rezeptionssteuerung durch einen Kirchenvater

Kann man der Vita des Ps.-Probus, die behauptet, nach der Veröffentlichung der Persius-Satiren hätten die Leute das Buch bewundert und sich darum gerissen (§ 8), Glauben schenken? Bestätigt könnte man das durch das Urteil des Rhetors und Literaturkritikers Quintilian (um 35 – nach 96 n. Chr.) über das Werk sehen; er schreibt in seiner *Institutio oratoria* (›Ausbildung des Redners‹) 10,1,94:

> *Multum et verae gloriae quamvis uno libro Persius meruit.*
>
> (Großen, und zwar echten Ruhm verdiente sich Persius, obschon mit nur einem Buch.)

Und ähnlich äußert sich Martial (38/41–102/104 n. Chr.), dessen Spottepigramme den Satiren des Persius thematisch nahestehen (4,29,7f.):

> *saepius in libro numeratur Persius uno*
> *quam levis in tota Marsus Amazonide.*
>
> (Mehr Pluspunkte erhält Persius für ein einziges Buch als der leichtfertige Marsus für seine gesamte *Amazonis*.)

Der Epigrammatiker knüpfte mit diesen Worten vielleicht sogar an den Anfang der Satire 5 an. Denn dort setzt der Ich-Sprecher sich mit seiner Dichtung vom Schwulst des Epos ab, und um ein solches muss es sich bei der (verlorenen) *Amazonis* des Domitius Marsus (spätes 1. Jh. v. Chr. – frühes 1. Jh. n. Chr.) gehandelt haben. Quintilian und Martial, die beide in ihren Zwanzigern waren, als Persius starb, fanden seine Dichtung, voll des Lobes, wie sie sind, sicherlich nicht ›dunkel‹, sondern verständlich genug. Das dürfte ebenso für die nicht-christlichen Autoren des 2. bis 5. Jahrhunderts gelten, die den Satiriker nachweislich lasen, allen voran sein Nachfolger in der Gattung, Juvenal, ferner Ausonius (um 310 – um 400 n. Chr.), Claudian (um 370 – nach 403 n. Chr.), Macrobius (um 400 n. Chr.) und Martianus Capella (5. Jh. n. Chr.). Auch die Kirchenväter kamen mit Persius offenbar gut zurecht, ja schätzten ihn, was sich daraus schließen lässt, dass sie einzelne Verse des Dichters als Bestätigung für die Lehren der christlichen Ethik heranzogen. Ein längeres Zitat findet sich in Buch 2, Kap. 6 von *De civitate dei* (›Der Gottesstaat‹) des Aurelius Augustinus (354–430 n. Chr.). Dort fordert dieser im Rahmen seiner Polemik gegen den heidnischen Götterglauben, man solle ihm Stätten zeigen, an denen nicht nur unzüchtige Feste gefeiert wurden, sondern das Volk auch vernahm, was seine Götter zur Bekämpfung von Habgier, Ehrgeiz und Genusssucht vorschrieben, »wobei die Armseligen hätten lernen können, was zu lernen Persius lautstark empfiehlt« (*ubi discerent miseri, quod discendum Persius increpat*). Dann zitiert Augustin die von dem Ich-Sprecher an den lernunwilligen jungen Mann gerichteten Verse 3,66–72, in denen Grundthemen der Philosophie angesprochen sind, und bemerkt dazu:

> *Dicatur in quibus locis haec docentium deorum solebant praecepta recitari et a cultoribus eorum populis frequenter audiri, sicut nos ostendimus ad hoc ecclesias institutas, quaqua versum religio Christiana diffunditur.*
>
> (Man möge sagen, an welchen Stätten solche Vorschriften belehrender Götter vorgetragen und von den sie verehrenden Leuten häufig gehört wurden, so wie wir hinweisen können auf die dazu eingerichteten Kirchen überall dort, wo die christliche Religion sich ausbreitet.)

Da eine Autorität wie Augustin Verse des Persius mit göttlichen Geboten gleichsetzte, wundert man sich nicht, dass zahlreiche Theologen und Literaten die moralphilosophischen Lehrsätze des Satirikers das ganze Mittelalter hindurch in ihre Schriften integrierten. So nimmt z. B. der Anfang eines der *Carmina Burana* (187) Bezug auf Satire 1 und zitiert wörtlich die ersten drei Worte:

O curas hominum,
quos curat curia!
o quorum studia
non habent terminum!

(O Sorgen der Menschen, die man am Hof hegt! O ihr Eifer, der keine Grenze hat!)

Das Interesse an dem Satiriker war quer über Europa verbreitet, und dem entspricht, dass aus der Zeit vom 5./6. bis zum 15. Jahrhundert rund 440 Handschriften überliefert sind; damit überbietet die Zahl der Persius-Kodizes die der meisten antiken Autoren. Hinzu kommen 34 Manuskripte des 9. bis 15. Jahrhunderts, die Kommentare enthalten, sowie die marginalen und interlinearen Scholien in den Text-Handschriften. Als einer der Kommentatoren erscheint Cornutus; er ist zwar nicht mit dem Lehrer des Satirikers identisch – das *Commentum Cornuti* stammt aus dem 9. Jahrhundert –, aber die mittelalterliche Kommentierung geht eindeutig auf antike Erläuterungen zurück. Einzelne lateinische Scholien wurden im Frühmittelalter auf Althochdeutsch glossiert, freilich nicht durch ganze Sätze, sondern nur durch einzelne Wörter; z. B. zu 1,62 *sannae* (Fratze; Dat. Sg.) lesen wir in einem der Kodizes *spottę* (Dat. Sg. zu *spot* ›Spott‹; Siewert 1987 [s. S. 135], S. 611). Deutsch war auch die erste volkssprachliche Übersetzung; sie entstand um 1500 in Leipzig und gibt, in Reimpaaren verfasst, V. 1,1 sehr frei wie folgt wieder (Henkel 1979 [s. S. 134] S. 72):

O wy gar vil vnnucze sorgen
Szeynth bey den menschen vorborgen.

Schon 1469 oder 1470 erschien in Rom die Editio princeps des Persius-Textes, die somit einer der ältesten Drucke eines antiken Autors ist. Den Satiriker hatte man im Mittelalter immer wieder zu den bedeutendsten Poeten der Römer gerechnet. So befindet er sich auch unter denjenigen, denen die Persona des italienischen Dichters Dante Alighieri (1265–1321) im Purgatorio begegnet. Da Dantes Führer Vergil, als Dante ihn nach dem Aufenthaltsort der Poeten fragt, seine Erwiderung mit den Worten »Diese und Persius und ich« (*Costoro e Persio e io*) beginnt (*Göttliche Komödie* XXII,100), wird der Satiriker ebenbürtig neben den römischen Dichterfürsten gestellt. Noch 1528 zählt Erasmus von Rotterdam (1466–1536) in seinem *Ciceronianus* als die *poetae*, die über größte Eleganz und Gelehrsamkeit verfügen würden, Vergil, Horaz, Ovid, Lucan und Persius auf (Nikitinski [s. S. 132] S. 287). In der Epoche des Renaissancehumanismus, zu dessen herausragenden Geistern Erasmus gehört, ließen sich aber auch die ersten Stimmen vernehmen, welche die Satiren des Persius für ›dunkel‹ erklärten.

Mit dem Gefühl der Erleichterung aus der Hand gelegt

Bereits in der ersten Hälfte des 6. Jahrhunderts n. Chr. hatte der byzantinische Gelehrte Johannes Lydos geschrieben, Persius übertreffe den (für seine schwer verständliche Sprache bekannten) hellenistischen Dichter Lykophron (3. Jh. v. Chr.) an Dunkelheit, und nun sagte der Bibelübersetzer Martin Luther (1483–1546) in einer seiner Tischreden von 1540 (Nikitinski [S. 132] S. 289):

> *Es thut die schrieft rechtt, das sie so schlecht* [schlicht] *und einfeltig redet; so könnens die kinder auch verstehen. Sonst, wo Christus und apostel hetten geredt hoch wie Persius und Iuvenalis, so wuerde man kein kindt leren können.*

Richtungsweisend für Jahrhunderte war, was man 21 Jahre später in der einflussreichen Poetik Julius Caesar Scaligers (1484–1558) lesen konnte (Nikitinski [S. 132] S. 290):

> *Persii vero stilus, morosus et ille ineptus, qui quum legi vellet quae scripsisset, intellegi noluit quae legerentur. quanquam*

> *nunc a nobis omnia intelligentur, at fuit tempus, cum inter ignota haberetur. illum igitur mittamus.*
>
> (Der Stil des Persius aber ist eigensinnig und so abgeschmackt, dass er, auch wenn er wollte, dass gelesen werde, was er geschrieben hatte, nicht wollte, dass man verstand, was man las. Obwohl heute von uns alles verstanden wird, war doch eine Zeit, zu der es unter das nicht Erkannte gerechnet wurde. Also wollen wir ihn beiseite lassen.)

Vom 17. bis ins frühe 19. Jahrhundert hatte der Dichter noch einen gewissen Einfluss auf Autoren, insbesondere in Frankreich und England – hervorgehoben sei John Donne (1572–1631) mit seinen *Satires* –, aber es kam zu keiner nennenswerten produktiven Auseinandersetzung mit seinem Werk. Ein deutscher Dichter, der damals Affinität zu Persius verriet, war kein geringerer als Johann Wolfgang von Goethe (1749–1832); er äußerte 1822 Folgendes (Nikitinski [S. 132] S. 326):

> *Tyrannei trieb den Redner von dem Markt in die Schule, den Poeten in sich selbst zurück; daher ich denn gar gern, diesem Verlangen in Gedanken folgend, wenn ich mit Lucrez angefangen, mit Persius endige, der in sibyllinische Sprüche den bittersten Unmut verhüllend, seine Verzweiflung in düstern Hexametern ausspricht.*

Um diese Zeit trat die Altphilologie in eine Phase ihrer Forschungstätigkeit ein, in der sie, auf eine verfeinerte Methode der Textkritik gestützt, die Grundlage für die Entwicklung des Fachs zur modernen Wissenschaft schuf. Bis weit ins 20. Jahrhundert hinein waren Latinisten und Gräzisten vor allem in Deutschland sowohl von einem Klassizismus beeinflusst, der Dichter wie Persius als Epigonen der Augusteer abqualifizierte, als auch vom romantisch geprägten Quellenpositivismus. Wegen seiner zahlreichen intertextuellen Bezüge auf Horaz und andere römische Dichter, die man nicht als Elemente eines raffinierten literarischen Wiedererkennungsspiels begriff, empfand man Persius als unoriginell und entsprechend zweitrangig. Charakteristisch für diese Auffassung ist, dass der Historiker Theodor Mommsen (1817–1903) in seiner *Römischen Geschichte* von 1854, für die er 1902 mit dem Literatur-Nobelpreis geehrt wurde, in Persius »das rechte Ideal eines hoffärtigen und mattherzigen, der Poesie beflissenen Jungen sah« (Nikitinski [s. S. 132] S. 338). Am negativsten beurteilte den Satiriker das Standardwerk *Geschichte der römischen Literatur* von Martin Schanz (1842–1914), in dessen vierter Auflage von 1935 der Bearbeiter Carl Hosius (1866–1937) am Ende des Persius-Artikels zahlreichen Abwertungen römischer Autoren (u. a. Ovids) die Krone aufsetzt (Bd. 2, S. 481):

> *Schritt für Schritt stolpert der Leser über rätselhafte Ausdrücke, eigenartig angewandte Metaphern und Tropen, über weithergeholte und gesuchte Bilder; er stockt zugleich von mangelnder Verbindung der Sätze, vor abbrechenden Gedanken, vor ausgelassenen Schlussfolgerungen. Mit einem Gefühl der Erleichterung legt er den Dichter aus der Hand.*

In Anbetracht der schlechten Noten, die dem Satiriker in einem Band des renommierten *Handbuchs für die Altertumswissenschaft* gegeben wurden, ist es sehr bemerkenswert, dass bereits fünf Jahre nach Erscheinen des Bandes ein Doktorand den Versuch wagte, der Poetik des Persius gerecht zu werden: Wolfgang Kugler (1914–?). Er schrieb über seine 1940 erschienene Berliner Dissertation kurioserweise den barocken Titel *Des Persius Wille zu sprachlicher Gestaltung in seiner Wirkung auf Ausdruck und Komposition*, aber vielleicht reizte er gerade durch diese Formulierung andere Latinisten dazu, seit Quintilian und Martial endlich wieder den »Willen« des Satirikers bei der Interpretation zu berücksichtigen. Kugler hatte dadurch, dass er erstmals aufzeigte, wie Persius Metaphern eigentlich macht, eine solide Ausgangsbasis geschaffen, und so entwickelte sich in den anschließenden fünf Jahrzehnten allmählich das, was man endlich als moderne Persius-Forschung bezeichnen konnte. Es fehlte ihr allerdings nach wie vor ein philologisches Fundament im engeren Sinne, ohne das alles Interpretieren auf Irrwege zu geraten Gefahr lief: ein Kommentar, der speziell für diesen nach wie vor als ›dunkel‹ geltenden Autor alles, was an nur irgendwie hilfreichem Deutungsinstrumentarium zur Verfügung steht, mit optimaler Gründlichkeit ausschöpft. Einen solchen legte erstmals Walter Kißel (geb. 1951) im Jahre 1990 auf nicht weniger als 884 Seiten für 664 Verse vor.

Bequemer kann man es nicht haben, aber die unbedingt notwendige kritische Auseinandersetzung mit Kißels philologischen Beobachtungen ist bis heute kaum erfolgt. Zugegeben: Die Persius-Forschung hat seitdem durchaus Fortschritte erzielt, aber gegenüber der Textarbeit überwiegt die Interpretation unter Aspekten, die von modernen Literaturtheorien eröffnet werden, z. B. durch Michail Bachtins (1895–1975) Konzept der karnevalisierten Literatur oder Jacques Derridas (1930–2004) Philosophie der Dekonstruktion. Denkmodelle wie diese liefern zweifellos wichtige Impulse, aber diejenigen, die ihre Exegese primär darauf stützen, neigen dazu, sich vom Wortlaut des Textes zu entfernen. Das freilich lässt »des Persius Wille zur sprachlichen Gestaltung«, weil er so eigenwillig ist, noch weniger ratsam erscheinen als derjenige anderer römischen Autoren. Otto Seel (1907–1975) bemerkt sehr treffend zu dem von ihm übertragenen Dichter: »Dies ist vielleicht das Erste, was über ihn zu sagen wäre: daß er sich vom Rande her nicht nehmen läßt, sondern dass er von seiner eigenen Mitte her erobert werden will« (Bilingue S. 111). In diesem Sinne bleibt zu hoffen, dass künftig wieder mehr die Muse Philologia die Persius-Forschung inspiriert. Da deutschsprachige Beiträge dazu, die vor 1990 zahlreich und innovativ waren, seitdem fast ganz ausblieben, sollten in besonderem Maße die Latinisten bei uns, in Österreich und der Schweiz sich dazu herausgefordert fühlen, Kißels nun doch schon über 30 Jahre alten Kommentar, der durch seinen riesigen Umfang die des Deutschen wenig Kundigen vielleicht abschreckt, endlich Seite für Seite auf den Prüfstand zu stellen.

Persius ohne Muhme

Nach Kuglers neue Wege weisender Dissertation erschienen zwei Verdeutschungen in Versen und eine in Prosa. Seels Bilingue in der *Tusculum-Bücherei* von 1950 ([2]1974) setzt neben den lateinischen Text, der zum Zweck der Authentizität ohne Groß- und Kleinschreibung und ohne jedes Satzzeichen gedruckt ist, von ihm verfasste deutsche Hexameter, die in der von Johann Heinrich Voß (1751–1826) begründeten Tradition stehen. Er rekurriert also auf ein aus der Zeit der Weimarer Klassik überkommenes poetisches Vokabular und erlaubt sich dichterische Freiheiten wie die Ellipse des Hilfsverbs bei Formen des Präteritums im Passiv (1,174: »Als … dich … dein Weib … gekleidet«) oder Apokope von Flexionsendungen (2,44: »Mehren willst du dein Sach«) erlaubt. Die ursprünglich aus dem Jahr 1866 stammende Übertragung Wilhelm Binders (1810–1876), die ebenfalls die ›Voß'schen Gesetze‹ befolgt, wurde zwar von Werner Krenkel (1926–2015) für die erstmals 1970 publizierte Verdeutschung der römischen Satiren in der *Bibliothek der Antike* überarbeitet, aber die klassizistische Patina nicht angekratzt. Kißels Prosaübertragung, die er im Kommentar seinem lateinischen Text beigibt, ist bei näherer Betrachtung nicht wirklich eine solche. Denn auf Schritt und Tritt passt er seine Sätze dem Hexameterrhythmus an (3,38: »Mögen die Tugend sie schau'n – und vergeh'n, da diese verloren.«) und lässt, wie man an meinem Zitat sieht, dieselben ›Poetismen‹ wie die Voßianer zu, darunter obsolete Lexeme wie »Muhme« (2,31 für *matertera*) und »(es) frommt« (2,62 für *iuvat*). Mit Blick auf den durch Versübertragungen konservierten Wortschatz von anno Tobak erlaube ich mir ab und zu den Spaß, die verschiedensten Leute zu fragen, was ›Schnur‹ außer ›Band‹ bedeuten könne: So gut wie immer bleibt man mir die Schwiegertochter schuldig, deren vier Silben die Autoren metrischer Verdeutschungen noch bis in jüngste Zeit nur zu gerne durch die eine Silbe des veralteten Synonyms ersetzten. Selbst linguistisch orientierte Latinisten kennen die ›andere Schnur‹ in der Regel nicht, obwohl sie die etymologische Verbindung zu *nurus, ūs*, f. < **snusos* (ital. *nuora*; span. *nuera*) und ἡ νυός (vgl. auch russ. *snocha*) herzustellen imstande sein müssten.

Gewiss, man könnte auch unter Verwendung der Gegenwartssprache, also mit Schwiegermutter, metrisch verdeutschen. Aber wäre das bei Persius sinnvoll? Sehen wir einmal davon ab, dass ein überwiegend reflektierender Text, für den in unserer Sprache meistens mehr Wörter benötigt werden als im Lateinischen, sich für deutsche Hexameter (und erst recht für Hinkjamben) weit weniger eignet als ein narrativer – wer sprachlich wahrhaft virtuos ist, müsste das Unmögliche möglich machen können. Doch speziell im Falle dieses Satirikers mit seiner eigenwilligen Diktion, den gedrängten Formulierungen, abrupten Übergängen, der Mischung von Vulgär- und Dichtersprache und anderen Besonderheiten stört, wie ich meine, der rhythmische Wechsel von Hebung und teils einsilbiger, teils zweisilbiger Senkung, der im Deutschen an die Stelle der quantitierenden Metrik tritt, den Gesamteindruck von einem Sprachkunstwerk *sui generis*, wie es das lateinische Original darstellt. Ein solches verlangt in höchstem Maße, dass extrem wörtlich übersetzt wird, und da das nur in Prosa durchführbar ist, kommt sie einzig infrage. Ich bin beim *verbum ad verbum*-Verfahren diesmal sogar so weit gegangen, die Figur der Enallage nicht durch Beziehen eines Attributs auf das ›richtige‹ Wort aufzulösen; bei mir bietet Jupiter »den albernen Bart« (28: *stolidam barbam*) zum Zerzausen dar, nicht »albern den Bart«. Dazu halte ich mich schon deshalb für berechtigt, weil eine Übertragung der Persius-Satiren viel ausgiebiger erläutert werden muss als jede andere, z. B. eine der *Aeneis*. Immer wieder will, da in erster Linie ein nicht fachlich ausgebildetes

Lesepublikum informiert werden soll, ein Vers in der (vermutlich) gemeinten Bedeutung paraphrasiert sein. Ich habe mich redlich bemüht, hier alles Wichtige anzusprechen, und mir dadurch die Option für größtmögliche Wörtlichkeit verschafft.

Eines sei in diesem Zusammenhang ausdrücklich hervorgehoben: Bei meiner langjährigen Übersetzertätigkeit habe ich nie ein so exzellentes Hilfsmittel zur Verfügung gehabt wie den Kommentar Walter Kißels. Wie immer man zu manchen seiner Entscheidungen über die Interpretation einer besonders schwierigen Passage des schwierigen Persius-Textes denken mag – Kißel hat unter Berücksichtigung des gesamten von Primärquellen und Sekundärliteratur gebotenen Deutungspotentials dem Benutzer seines Buches eine optimale Arbeitsgrundlage an die Hand gegeben. Die abfällige Bezeichnung des Kommentars als »vast and ungainly« durch James Zetzel (s. S. 135) ist daher ungerechtfertigt, mag aber damit zu erklären sein, dass die angloamerikanische Altphilologie in jüngerer Zeit wegen ihrer zunehmenden Tendenz zum Ignorieren fremdsprachlicher Forschungsergebnisse wenig Verständnis für einen Gelehrten hat, der wissenschaftliches Argumentieren so gewissenhaft und gründlich dokumentiert wie Kißel. Ihm möchte ich deshalb an dieser Stelle meinen aufrichtigen Dank für seine großartige Leistung aussprechen. Damit verbinde ich meinen Dank an Torben Behm, Christine Jackson-Holzberg, Andreas Knabl und Lavinia Stumpf für die sorgfältige Durchsicht des vorliegenden Bandes.

Der Persius-Pionier Otto Seel war in den frühen Siebzigern des letzten Jahrhunderts mein erster Förderer an der Universität Erlangen. Als ich mich während meines Studiums, von ihm angeregt, mit dem Satiriker näher vertraut machte und mir wünschte, Seels Pionierleistung, das Tusculum-Bändchen von 1950, zu besitzen, konnte man es nicht mehr kaufen, und er hatte keines mehr übrig. Zwar kam dann 1974 die zweite Auflage, aber da studierte ich nicht mehr und hatte andere Interessen entwickelt (z. B. für Hans Sachs). Jetzt schrieben wir 1970, und da brachte mein Vater Heinz Holzberg

(1914–2005) die Rettung: Er und meine Mutter Johanna Holzberg (1914–1983), beide engagierte Buchhändler, waren mit Margrit Heimeran (1906–1997) befreundet, der Witwe Ernst Heimerans (1902–1955), der zusammen mit Ernst Penzoldt (1892–1955) die *Tusculum-Bücherei* begründet hatte und in dessen Verlag diese bis 1980 erschien – und siehe da: Es existierte in Münchens Dietlindenstraße ein Rest-Exemplar. Ich besitze es heute noch mit handschriftlicher Widmung meines Vaters zum Geburtstag. In Erinnerung an damals sei der neue Tusculum-Persius ihm und Otto Seel dediziert.

München, im Herbst 2021 Niklas Holzberg

TEXT UND ÜBERSETZUNG

PROLOGUS

Nec fonte labra prolui caballino,
nec in bicipiti somniasse Parnaso
memini, ut repente sic poeta prodirem;
Heliconiadasque pallidamque Pirenen
illis remitto, quorum imagines lambunt
hederae sequaces: ipse semipaganus
ad sacra vatum carmen affero nostrum.

Quis expedivit psittaco suum 'chaere'
picamque docuit nostra verba conari?
magister artis ingenique largitor
venter, negatas artifex sequi voces.
quod si dolosi spes refulserit nummi,
corvos poetas et poetridas picas
cantare credas Pegaseium nectar.

PROLOG

Weder habe ich meine Lippen in der Gaulsquelle[1] gespült noch erinnere ich mich, auf dem zweigipfligen Parnass[2] geträumt[3] zu haben, so dass ich plötzlich ohne Weiteres als Dichter auftreten könnte. Sowohl die Helikonstöchter[4] als auch die bleiche Pirene[5] überlasse ich denen[6], an deren Bildnissen der schnell nachfolgende[7] Efeu leckt; selbst ein Halbbauer[8], trage ich zum Heiligtum der Sänger mein eigenes Lied.

Wer hat dem Papagei sein ›Servus‹[9] herausgeholt und die Elster gelehrt, unsere Wörter auszuprobieren? Der Meister der Kunst und des Talents Spender, der Bauch, ein Künstler darin, verwehrten Lauten nachzufolgen.[10] Wenn nun Hoffnung auf trügerische Münze[11] aufblitzt, könntest du meinen, Raben-Poeten und Elster-Poetinnen sängen pegaseïschen Nektar.[12]

SATURA I

O curas hominum, o quantum est in rebus inane!
'quis leget haec?' min tu istud ais? nemo hercule. 'nemo?'
vel duo vel nemo. 'turpe et miserabile!' quare?
ne mihi Polydamas et Troiades Labeonem
praetulerint? nugae! non, si quid turbida Roma
elevet, accedas examenque improbum in illa
castiges trutina, nec te quaesiveris extra.
nam Romae quis non – a, si fas dicere! sed fas:
tunc, cum ad canitiem et nostrum istud vivere triste
aspexi ac nucibus facimus quaecumque relictis,
cum sapimus patruos, tunc tunc – ignoscite (nolo –
quid faciam? –, sed sum petulanti splene) – cachinno.
    Scribimus inclusi, numeros ille, hic pede liber,
grande aliquid, quod pulmo animae praelargus anhelet.
scilicet haec populo pexusque togaque recenti
et natalicia tandem cum sardonyche albus
sede leges celsa, liquido cum plasmate guttur
mobile collueris, patranti fractus ocello.
tunc neque more probo videas nec voce serena
ingentes trepidare Titos, cum carmina lumbum
intrant et tremulo scalpuntur ubi intima versu.
tun, vetule, auriculis alienis colligis escas,
auriculis quibus et dicas cute perditus 'ohe'?
'quo didicisse, nisi hoc fermentum et quae semel intus
innata est rupto iecore exierit caprificus?'

SATIRE I

Ach, der Menschen Bemühn, ach wie viel in der Welt ist doch nichtig![1]

»Wer wird dies lesen?« Mich fragst du das? Niemand, beim Herkules![2] »Niemand?« Entweder zwei oder niemand. »Schändlich und beklagenswert!« Warum? ⟨Hast du Angst⟩[3], dass Polydamas und die Trojanerinnen mir den Labeo vorziehen könnten?[4] Dummes Zeug! Du wirst wohl nicht, wenn das lärmende Rom etwas herabsetzt, hergehen und den unverschämten Waagbalken an jener Waage korrigieren und dich nicht außerhalb ⟨von dir⟩ suchen.[5] Denn wer in Rom hätte nicht[6] – ah, wenn es erlaubt wäre, zu reden! Doch es ist erlaubt: Dann, wenn ich auf das graue Haar[7] und dieses unser freudloses Leben blicke und all das, was wir machen, wenn wir die Nüsse[8] hinter uns gelassen haben, wenn wir nach Onkel[9] riechen, dann, dann – verzeiht (ich will nicht – was soll ich machen? –, aber ich habe eine freche Milz[10]) – muss ich schallend lachen.

Wir schreiben ⟨irgendwo⟩ eingeschlossen[11], dieser Verse, jener frei von Versfüßen[12], etwas Großes, das eine an Atem[13] überreiche Lunge hervorkeucht. Klar doch, das wirst du den Leuten frisiert und in frischgewaschener Toga, schließlich noch mit Geburtstagssardonyx[14], bleich[15] vom hohen Sitz aus vorlesen, wenn du mit flüssiger Modulation die Kehle beweglich gespült hast, abgeschlafft mit abspritzenden[16] Äuglein. Dann kann man sehen, wie, in ihrem Verhalten nicht anständig und mit nicht mehr klarer Stimme, die gewaltigen Titi[17] zittern, wenn das Gedicht in den Unterleib eindringt und gleich wenn das Innerste gerieben wird vom zuckenden Vers. Du, alter Esel, sammelst Schmaus für fremde Öhrchen, Öhrchen, zu denen du auch, nachdem deine Haut durchgewalkt worden ist, »Aufhören!« sagen musst?[18] »Wozu lernen,[19] wenn dieser Sauerteig nicht ⟨aufgeht⟩ und der wilde Feigenbaum, der nun einmal innen hineingewachsen ist, nicht nach Aufbrechen der

en pallor seniumque! o mores! usque adeone
scire tuum nihil est, nisi te scire hoc sciat alter?
'at pulchrum est digito monstrari et dicier "hic est";
ten cirratorum centum dictata fuisse
pro nihilo pendes?' ecce inter pocula quaerunt
Romulidae saturi, quid dia poemata narrent:
hic aliquis, cui circum umeros hyacinthina laena est,
rancidulum quiddam balba de nare locutus
Phyllidas, Hypsipylas vatum et plorabile siquid
eliquat ac tenero supplantat verba palato.
assensere viri: nunc non cinis ille poetae
felix? non levior cippus nunc imprimit ossa?
laudant convivae: nunc non e manibus illis,
nunc non e tumulo fortunataque favilla
nascentur violae? 'rides,' ait, 'et nimis uncis
naribus indulges. an erit, qui velle recuset
os populi meruisse et cedro digna locutus
linquere nec scombros metuentia carmina nec tus?'
    Quisquis es, o modo quem ex adverso dicere feci,
non ego, cum scribo, si forte quid aptius exit
(quando hoc? rara avis est), si quid tamen aptius exit,
laudari metuam, neque enim mihi cornea fibra est.
sed recti finemque extremumque esse recuso
'euge' tuum et 'belle.' nam 'belle' hoc excute totum:
quid non intus habet? non hic est Ilias Atti
ebria veratro? non siqua elegidia crudi
dictarunt proceres? non quidquid denique lectis

Leber hervorkommt?«[20] Sieh an, Blässe und Vergreisung![21] O Sitten! So sehr ist dein Wissen nichts, wenn nicht ein anderer weiß, dass du dies weißt? »Aber es ist doch schön, wenn mit dem Finger auf einen gezeigt und gesagt wird: ›Das ist er!‹ Dass du für hundert Lockenköpfe ⟨etwas⟩ Diktiertes bist,[22] darauf gibst du nichts?« Schau, mitten zwischen Trinkbechern verlangen die gesättigten Romulus-Nachkommen nach dem, was die göttlichen Dichtungen erzählen können. Hier nun spricht einer, der um die Schultern einen hyazinthenfarbigen Mantel hat, etwas Ranziges durch die lispelnde Nase,[23] tröpfelt Frauen wie Phyllis und Hypsipyle[24] und sonst etwas zum Heulen Geeignetes der göttlichen Sänger heraus und stellt mit zartem Gaumen seinen Worten ein Bein.[25] Applaudiert haben die Männer: Ist jetzt nicht jene Asche des Dichters beglückt? Drückt ihm die Grabsäule nicht leichter auf die Knochen? Es loben ihn die Tischgenossen: Werden jetzt nicht aus jenen sterblichen Resten, jetzt nicht aus seinem Grabhügel und seiner glückseligen Asche Veilchen sprießen? »Du lachst«, sagt er[26], »und allzu bereitwillig rümpfst du die Nase. Wird es etwa einen geben, der sich zu wünschen weigert, den Mund der Leute zu verdienen[27] und, weil er der Zeder Würdiges[28] gesagt hat, Gedichte zu hinterlassen, die sich nicht vor Makrelen und Weihrauch fürchten müssen?«[29]

Wer auch immer du bist, o du, den ich soeben aus der Gegenposition reden ließ, ich werde mich nicht, wenn ich schreibe, für den Fall, dass dann zufällig etwas Tauglicheres herauskommt – wann denn das wohl? Das ist ein seltener Vogel[30] –, für den Fall, dass dennoch etwas Tauglicheres herauskommt, davor fürchten, gelobt zu werden, und meine Leberfasern sind ja auch nicht aus Horn.[31] Doch ich weise zurück, dass Ziel und Äußerstes des Guten dein ›Bravo!‹ und ›Schön!‹ ist. Denn untersuche doch dieses ganze ›Schön!‹: Was hat es nicht in sich drin? Ist hier nicht die *Ilias* des Attius, von Nieswurz trunken?[32] Nicht irgendein elegisches Gedichtchen, das Vornehme, die Durchfall hatten, diktierten? Nicht schließlich alles, was auf Speisesofas aus Zitrusholz[33] geschrieben

scribitur in citreis? calidum scis ponere sumen,
scis comitem horridulum trita donare lacerna,
et 'verum,' inquis, 'amo, verum mihi dicite de me.'
qui pote? vis dicam? nugaris, cum tibi, calve,
pinguis aqualiculus propenso sesquipede extet.
o Iane, a tergo quem nulla ciconia pinsit
nec manus auriculas imitari mobilis albas
nec linguae, quantum sitiat canis Apula tantae!
vos, o patricius sanguis, quos vivere fas est
occipiti caeco, posticae occurrite sannae.
Quis populi sermo est? quis enim nisi carmina molli
nunc demum numero fluere, ut per leve severos
effundat iunctura ungues? "scit tendere versum
non secus ac si oculo rubricam dirigat uno.
sive opus in mores, in luxum, in prandia regum
dicere, res grandes nostro dat Musa poetae."
ecce modo heroas sensus afferre docemus
nugari solitos Graece nec ponere lucum
artifices nec rus saturum laudare: ubi corbes
et focus et porci et fumosa Palilia feno,
inde Remus sulcoque terens dentalia, Quinti,
cum trepida ante boves dictatorem induit uxor
et tua aratra domum lictor tulit. euge poeta!
est nunc Brisaei quem venosus liber Acci,
sunt quos Pacuviusque et verrucosa moretur
Antiopa, aerumnis cor luctificabile fulta.
hos pueris monitus patres infundere lippos
cum videas, quaerisne unde haec sartago loquendi

wird? Du weißt ein warmes Saueuter vorzusetzen, weist einen ⟨vor Kälte⟩ schaudernden Gefährten mit einem abgetragenen Umhang zu beschenken [55] und sagst: »Ich liebe die Wahrheit, sagt mir die Wahrheit über mich.« Wie nun? Willst du, dass ich sie sage? Du gibst albernes Zeug von dir, während dir, Glatzkopf, dein fetter Wanst eineinhalb Fuß herabhängt und heraussteht. O Janus[34], du, den kein Storch von hinten pickt, keine Hand, geschickt im Nachahmen ⟨innen⟩ weißer Öhrchen, [60] und keine Zungen, die so groß sind wie der Durst einer apulischen Hündin. Ihr, o patrizisches Blut, denen es zugeteilt ist, mit blindem Hinterkopf zu leben, tretet Grimassen in eurem Rücken entgegen!

Was ist es, was die Leute sagen?[35] Was denn sonst, als dass ein Gedicht erst heute im Rhythmus dahinfließe, so dass durch ihre Glätte die Verfugung grimmige [65] Nägel zum Abgleiten bringt.[36] ›Er[37] weiß den Vers nicht anders zu spannen, als würde man mit einem Auge eine Schnur ausrichten.[38] Oder wenn es nötig ist, gegen die Sitten, gegen den Luxus, gegen die Bankette der Herrschenden zu sprechen, schenkt die Muse Grandiosität[39] unserem Dichter.‹ Schau, wir bringen eben erst dazu, heroische Gefühle zu vermitteln[40], diejenigen, die, [70] nach griechischer Weise herumzuspielen[41] gewohnt, sich weder auf die Kunst verstehen, einen Hain zu schildern, noch sattes Ackerland zu preisen: Wo Körbe und Herd und Schweine und die vom Heu verqualmten Palilien[42] sind, kommen dann gleich Remus[43] und du, der du in der Furche die Pflugschar reibst, Quintus[44], den hastig vor den Stieren als Diktator bekleidete die Gattin [75] und dessen Pflug[45] ein Liktor nach Hause brachte. Bravo, Dichter! Es gibt heute manchen, den das blutreiche Buch des brisäischen Accius[46], manche, die Pacuvius[47] und seine warzenreiche Antiopa, ihr trauererfülltes Herz auf Mühsal gedrückt, ⟨bei der Lektüre⟩ verweilen lassen. [80] Wenn du ⟨geistig⟩ sehbehinderte Väter diese Lehren ihren Söhnen einflößen siehst, fragst du dann, woher dieser Sprachmischmasch[48] auf die Zungen

venerit in linguas? unde istud dedecus, in quo
trossulus exultat tibi per subsellia levis?
Nilne pudet capiti non posse pericula cano
pellere, quin tepidum hoc optes audire 'decenter'?
'fur es,' ait Pedio. Pedius quid? crimina rasis
librat in antithetis, doctas posuisse figuras
laudatur: 'bellum hoc.' hoc bellum? an, Romule, ceves?
men moveat? quippe et, cantet si naufragus, assem
protulerim? cantas, cum fracta te in trabe pictum
ex umero portes? verum nec nocte paratum
plorabit, qui me volet incurvasse querella!
'sed numeris decor est et iunctura addita crudis.
cludere sic versum didicit "Berecyntius Attis"
et "qui caeruleum dirimebat Nerea delphin",
sic "costam longo subduximus Appennino".
"arma virum", nonne hoc spumosum et cortice pingui,
ut ramale vetus vegrandi subere coctum?'
quidnam igitur tenerum et laxa cervice legendum?
'torva Mimalloneis implerunt cornua bombis,
et raptum vitulo caput ablatura superbo
Bassaris et lyncem Maenas flexura corymbis
euhion ingeminat, reparabilis assonat echo.'
haec fierent, si testiculi vena ulla paterni
viveret in nobis? summa delumbe saliva
hoc natat in labris, et in udo est Maenas et Attis,
nec pluteum caedit nec demorsos sapit ungues.

gekommen ist? Woher diese Schmach, bei der dir die milchbärtigen Junker[49] überall auf den Bänken jubeln?

Schämst du dich in keiner Weise, von deinem grauen Haupt Gefahren nicht abwehren zu können, ohne zu wünschen, dass du dieses lauwarme »Ganz nett« zu hören bekommst?[50] »Du bist ein Dieb«, sagt man dem Pedius.[51] Was macht Pedius? Er wägt die Anklage in ausgefeilten Antithesen ab, wird dafür gelobt, dass er gelehrte Redefiguren zusammengesetzt hat. »Schön das!« Das schön? Romulus, wackelst du ⟨auch noch⟩ mit dem Arsch?[52] Mich könnte er damit beeinflussen? Weil ich ja auch, wenn ein Schiffbrüchiger singt, einen As hervorziehe? Du singst, während du dich, auf einem zerbrochenen Schiff gemalt, auf der Schulter trägst?[53] Die Wahrheit und nicht in der Nacht zurecht Gemachtes[54] wird mir einer vorheulen, der mich durch sein Jammern erschüttern will.

»Doch dem rohen Rhythmus ist Schönheit und Versfügung dazugegeben worden. Man hat den Vers so zu schließen gelernt: ›berekyntischer Attis‹[55] und ›der Delphin, der den bläulichschimmernden Nereus zerteilte‹[56], und so: ›eine Rippe wir nahmen vom länglichen Appenninus‹[57]. ›Waffen ⟨und⟩ Mann‹[58], ist das nicht voll Schaum und aus dicker Borke, wie altes Gezweig, das unter gewaltigem Kork verdorrt ist?« Was also soll man als etwas Zartes und mit entspanntem Nacken lesen?

»Mit mimallonischem Dröhnen erfüllten sie grollende Hörner,
und Bassaris, das Haupt, das vom munteren Kalb sie gerissen,
forttragend und die Mänade, bereit, am Efeu den Luchs zu
lenken, verdoppeln Euhion, und widerhallend tönt Echo.«[59]

Könnte so etwas geschehen, wenn noch eine Ader des väterlichen Hodens in uns lebte?[60] Kraftlos oben auf dem Speichel schwimmt dies auf den Lippen, im Nassen befinden sich Mänade und Attis, sie hauen nicht auf die Wand des Arbeitssofas, schmecken nicht nach zerbissenen Fingernägeln.[61]

'sed quid opus teneras mordaci radere vero
auriculas? vide sis, ne maiorum tibi forte
limina frigescant: sonat hic de nare canina
littera.' per me equidem sint omnia protinus alba:
nil moror. euge omnes, omnes bene, mirae eritis res.
hoc iuvat? 'hic,' inquis, 'veto quisquam faxit oletum.'
pinge duos angues: 'pueri, sacer est locus, extra
meiite.' discedo? secuit Lucilius urbem,
te Lupe, te Muci, et genuinum fregit in illis;
omne vafer vitium ridenti Flaccus amico
tangit et admissus circum praecordia ludit,
callidus excusso populum suspendere naso:
me muttire nefas? nec clam? nec cum scrobe? nusquam?
hic tamen infodiam: vidi, vidi ipse, libelle:
auriculas asini quis non habet? hoc ego opertum,
hoc ridere meum, tam nil, nulla tibi vendo
Iliade. audaci quicumque afflate Cratino
iratum Eupolidem praegrandi cum sene palles,
aspice et haec, si forte aliquid decoctius audis.
inde vaporata lector mihi ferveat aure,
non hic, qui in crepidas Graiorum ludere gestit
sordidus et lusco qui possit dicere 'lusce',
sese aliquem credens, Italo quod honore supinus
fregerit heminas Arreti aedilis iniquas,
nec qui abaco numeros et secto in pulvere metas
scit risisse vafer, multum gaudere paratus,
si cynico barbam petulans nonaria vellat.
his mane edictum, post prandia Callirhoen do.

»Doch was brauchst du zarte Öhrchen mit beißender Wahrheit zu kratzen? Sieh zu, dass nicht etwa dir gegenüber die Schwellen der Mächtigen frostig werden[62]: Hier tönt aus der Nase der Hundsbuchstabe.«[63] Von mir aus sei künftig alles weiß:[64] Mir ist das egal. Bravo ihr alle, alle werdet ihr okay, alle Weltwunder sein. Freut dich das? »Dass hier«, sagst du, »jemand seinen Kothaufen macht, verbiete ich.«[65] Male zwei Schlangen: ›Knaben, heilig ist der Ort, pisst draußen.‹[66] Weiche ich? Lucilius[67] riss die Hauptstadt in Stücke, dich, Lupus, dich Mucius, und zerbrach sich die Backenzähne an ihnen. An jede moralische Schwäche rührt der pfiffige Flaccus[68] dem lachenden Freund, und treibt, zugelassen, in dessen Innerstem[69] sein Spiel, gewitzt darin, die Leute an der hochgestellten Nase aufzuhängen.[70] Dass ich muckse, soll Frevel sein? Auch nicht heimlich? Auch nicht zusammen mit einem Erdloch?[71] Nirgendwo? Hier grabe ich es trotzdem ein. Ich sah, sah selbst, Büchlein: Wer hat keine Eselsohren? Dieses Verdeckte, dieses mein Lachen, so sehr ein Nichts: Ich verkaufe es dir für keine *Ilias*.[72] Du, wer auch immer du bist, angehaucht von dem kühnen Kratinos[73], der du erbleichst vor dem zornigen Eupolis mitsamt dem übergrandiosen Alten, schau auch dies an, ob du vielleicht etwas, das besser abgekocht[74] ist, vernimmst. Der Leser, der von dorther erwärmte Ohren hat,[75] dürfte auch für mich erglühen, nicht der, welcher die Sandalen der Griechen zu verhöhnen[76] trachtet und, gemein, wie er ist, zu einem Schielauge ›du Schielauge‹ zu sagen imstande ist, während er glaubt, er sei jemand, weil er, stolz durch sein italisches Amt, als Ädil[77] in Arretium[78], unrichtige Maße zerschlagen ließ, auch nicht der, welcher sich über die Zahlen und die Figuren im eingeritzten Staub auf der Zeichentafel pfiffig lustig zu machen weiß[79], sich sehr zu freuen bereit, wenn eine freche Dreiuhrnutte einen Kyniker[80] am Bart zerrt. Denen gebe ich am Morgen ein Edikt und nach dem Essen Kallirhoe.[81]

SATURA II

Hunc, Macrine, diem numera meliore lapillo,
qui tibi labentes apponet candidus annos.
funde merum genio. non tu prece poscis emaci,
quae nisi seductis nequeas committere divis.
at bona pars procerum tacita libabit acerra:
haut cuivis promptum est murmurque humilesque susurros
tollere de templis et aperto vivere voto.
'mens bona, fama, fides,' haec clare et ut audiat hospes;
illa sibi introrsum et sub lingua murmurat: 'o si
ebulliat patruus, praeclarum funus!' et 'o si
sub rastro crepet argenti mihi seria dextro
Hercule! pupillumve utinam, quem proximus heres
impello, expungam, nam et est scabiosus et acri
bile tumet; Nerio iam tertia conditur uxor.'
haec sancte ut poscas, Tiberino in gurgite mergis
mane caput bis terque et noctem flumine purgas.
heus age, responde (minimum est, quod scire laboro):
de Iove quid sentis? est, ut praeponere cures
hunc – 'cuinam?' cuinam? vis Staio an (scilicet haeres)
quis potior iudex, puerisve quis aptior orbis?
hoc igitur, quo tu Iovis aurem impellere temptas,
dic agedum Staio: 'pro Iuppiter, o bone,' clamet,
'Iuppiter!' at sese non clamet Iuppiter ipse?
ignovisse putas, quia, cum tonat, ocius ilex
sulpure discutitur sacro quam tuque domusque?
an quia non fibris ovium Ergennaque iubente
triste iaces lucis evitandumque bidental,

SATIRE 2

Diesen Tag, Macrinus[1], zähle mit einem besseren Stein[2], der dir mit frohem Glanz die dahingleitenden Jahre vermehren wird. Spende deinem Genius[3] puren Wein. Du forderst nicht mit feilschendem Gebet, was du Göttern nur dann anvertrauen kannst, wenn du sie beiseite genommen hast. Doch ein großer Teil der Vornehmen wird wohl aus einem schweigenden Weihrauchkästchen[4] opfern: Nicht jedem ist es gegeben, Gemurmel und gedämpftes Geflüster aus dem Tempel zu entfernen und damit zu leben, seine Wünsche offen zu äußern.[5] »Klarer Verstand, guter Ruf, Vertrauen«, dies laut und so, dass es ein Fremder hört; das da murmelt er[6] bei sich innerlich und unter der Zunge: »Ach, wenn doch der Onkel seine Seele ausblubberte, das wäre eine prächtige Bestattung!« Und »Ach, wenn mir doch unter der Hacke ein Krug voller Silber klirrte, weil Herkules mir gewogen ist![7] Könnte ich doch das Mündel, dem ich als nächster Erbe nachdränge, streichen,[8] denn es ist sowohl von Hautausschlag befallen als auch von stechender Galle angeschwollen;[9] dem Nerius wird schon die dritte Ehefrau bestattet.[10]« Um dies gottgefällig fordern zu können, tauchst du in die Tiberflut am frühen Morgen deinen Kopf zwei-, dreimal und spülst mit dem Fluss die Nacht ab![11] He, auf denn, antworte mir – eine Kleinigkeit ist es, die ich dringend wissen möchte –: Was denkst du von Jupiter? Ist es so, dass du dich bemühst, ihm den Vorzug zu geben – »Vor wem?« Vor wem? Sagen wir Staius,[12] oder – klar, du stutzt – wer ist der bessere Richter oder wer für verwaiste Knaben geeigneter? Dies also, womit du Jupiters Ohr zu bedrängen versuchst, auf, sag es dem Staius: »O Jupiter, guter Jupiter«, würde er rufen, aber würde Jupiter sich nicht selbst anrufen? Glaubst du, er habe verziehen, weil, wenn er es donnern lässt, eher die Steineiche unter dem heiligen Schwefel zertrümmert wird als du und dein Haus? Weil du nicht auf Befehl der Schafsinnereien und des Ergenna als düsteres und zu meidendes Blitzmal im Hain liegst,[13]

idcirco stolidam praebet tibi vellere barbam
Iuppiter? aut quidnam est, qua tu mercede deorum
emeris auriculas? pulmone et lactibus unctis?
　Ecce avia aut metuens divum matertera cunis
exemit puerum, frontemque atque uda labella
infami digito et lustralibus ante salivis
expiat, urentes oculos inhibere perita;
tunc manibus quatit et spem macram supplice voto
nunc Licini in campos, nunc Crassi mittit in aedes:
'hunc optet generum rex et regina, puellae
hunc rapiant; quidquid calcaverit hic, rosa fiat.'
ast ego nutrici non mando vota. negato,
Iuppiter, haec illi, quamvis te albata rogabit.
　Poscis opem nervis corpusque fidele senectae.
esto, age. sed grandes patinae tuccetaque crassa
annuere his superos vetuere Iovemque morantur.
rem struere exoptas caeso bove Mercuriumque
accersis fibra: 'da fortunare penates,
da pecus et gregibus fetum.' quo, pessime, pacto,
tot tibi cum in flammas iunicum omenta liquescant?
ac tamen hic extis et opimo vincere ferto
intendit: 'iam crescit ager, iam crescit ovile,
iam dabitur, iam iam –'; donec deceptus et exspes
nequiquam fundo suspiret nummus in imo.
　Si tibi creterras argenti incusaque pingui
auro dona feram, sudes et pectore laevo
excutiat guttas laetari praetrepidum cor.
hinc illud subiit, auro sacras quod ovato
perducis facies. 'nam fratres inter aenos,
somnia pituita qui purgatissima mittunt,

deshalb würde dir Jupiter den albernen Bart[14] zum Zerzausen darbieten? Oder welches wäre denn der Preis, für den du [30] die Ohren der Götter erkaufst? Für Lunge und fettes Gekröse?[15]

Schau, die Großmutter oder die gottesfürchtige Tante nimmt den Knaben aus der Wiege, schützt vor bösen Geistern seine Stirn und die feuchten Lippen vorweg mit dem schamlosen Finger[16] und sühnendem Speichel, erfahren darin, flammende Augen[17] abzuwehren; [35] dann wiegt sie ihn in den Armen und schickt den knirpsigen Hoffnungsträger mit demütigem Gebet bald zu den Gütern des Licinus, bald in die Paläste des Crassus.[18] »Ihn mögen sich König und Königin als Schwiegersohn wünschen, junge Frauen sich um ihn reißen; alles, was er betritt, soll zur Rose werden.« Doch ich überlasse nicht einer Amme das Beten. Versage [40] ihr das, Jupiter, auch dann, wenn sie dich weiß gekleidet[19] bittet.

Du forderst Kraft für deine Muskeln und für das Alter einen verlässlichen Körper. Gut, auf denn! Doch gewaltige Schüsseln und fettes Rollfleisch haben den Himmlischen verboten, ihnen zuzuneigen, und stehen Jupiter im Wege. Dein Vermögen wünschst du durch Schlachten von Stieren auszubauen und [45] zitierst Merkur mit Eingeweide herbei: »Gib Glück und Segen dem Haus, gib mir Vieh und den Herden Junge.« Auf welche Weise, du Obertrottel, wenn dir die fetten Innereien so vieler Jungkühe in die Flammen hinein schmelzen? Aber wenigstens strengt der sich an, durch Gedärme und Opferfladen zu siegen[20]: ›Bald wird der Acker größer, bald wird der Schafstall größer, [50] bald wird es mir gegeben, bald, bald‹; bis getäuscht und ohne Hoffnung die Münze ganz unten am Boden ⟨der Truhe⟩ vergeblich aufseufzt.

Wenn ich dir Krüge aus Silber mit getriebenem Zeug aus massivem Gold[21] als Geschenke brächte, würdest du schwitzen, und links aus der Brust würde das vor Freude heftig bebende Herz die Tropfen heraustreiben. [55] Und daraus folgte dies, dass du die heiligen Gesichter mit vereiertem Gold überziehst.[22] »Denn unter den bronzenen Brüdern[23] sollen die, welche die von schleimigem Nebel

praecipui sunto sitque illis aurea barba.'
aurum vasa Numae Saturniaque impulit aera
Vestalesque urnas et Tuscum fictile mutat.
o curvae in terris animae et caelestium inanes,
quid iuvat hoc, templis nostros inmittere mores
et bona dis ex hac scelerata ducere pulpa?
haec sibi corrupto casiam dissolvit olivo,
haec Calabrum coxit vitiato murice vellus,
haec bacam conchae rasisse et stringere venas
ferventis massae crudo de pulvere iussit.
peccat et haec, peccat, vitio tamen utitur. at vos
dicite, pontifices, in sancto quid facit aurum?
nempe hoc, quod Veneri donatae a virgine pupae.
quin damus id superis, de magna quod dare lance
non possit magni Messalae lippa propago?
compositum ius fasque animo sanctosque recessus
mentis et incoctum generoso pectus honesto,
haec cedo ut admoveam templis et farre litabo.

reinsten Träume[24] schicken, herausragend sein, und sie sollen goldene Bärte haben.« Gold hat Numas Gefäße und saturnische Bronze[25] verdrängt [60] und die Krüge der Vestalinnen in tuskisches Tonzeug verwandelt.[26] O zur Erde gekrümmte und von himmlischen Elementen leere Seelen, was nützt dies, in die Tempel unsere Sitten eingehen zu lassen und das, was für die Götter ein Gut ist, aus diesem verbrecherischen Fleisch herzuleiten?[27] Dieses hat für sich selbst Zimt in verdorbenem Öl aufgelöst[28], [65] dieses hat mit der geschändeten Purpurschnecke kalabrische Wolle gekocht[29], dieses hat befohlen, die Perle der Muschel herauszuschaben und Adern von reinem Metall, wenn es glüht, von schlackigem Staub zu trennen.[30] Es vergeht sich auch darin, es vergeht sich, und hat dennoch Nutzen von der Fehlhandlung. Doch sagt ihr, ihr Priester, was bringt das, Gold im Heiligtum? [70] Sicherlich nur das, was die der Venus von einer Jungfrau geschenkten Puppen[31] ⟨bringen⟩. Warum geben wir nicht das den Himmlischen, was aus seiner großen Schale zu geben nicht imstande wäre der triefäugige Sprössling des großen Messalla?[32] Recht und Gesetz, die in der Seele geborgen, Tiefen des Gemüts, die heilig sind und die von edler Würde heiß durchtränkte Brust[33] – [75] lass mich das alles zum Tempel bringen, und ich werde mich nur durch Speltmehl[34] entsühnen.

SATURA III

Nempe haec assidue: iam clarum mane fenestras
intrat et angustas extendit lumine rimas.
stertimus, indomitum quod despumare Falernum
sufficiat, quinta dum linea tangitur umbra.
'en quid agis? siccas insana canicula messes
iam dudum coquit et patula pecus omne sub ulmo est,'
unus ait comitum. 'verumne? itan? ocius adsit
huc aliquis! nemon?' turgescit vitrea bilis:
'findor!' ut Arcadiae pecuaria rudere dicas.
iam liber et positis bicolor membrana capillis
inque manus chartae nodosaque venit harundo:
tunc querimur, crassus calamo quod pendeat umor.
nigra sed infusa vanescit sepia lympha,
dilutas querimur, geminet quod fistula guttas.
o miser inque dies ultra miser, hucine rerum
venimus? at cur non potius teneroque columbo
et similis regum pueris pappare minutum
poscis et iratus mammae lallare recusas?
'an tali studeam calamo?' cui verba? quid istas
succinis ambages? tibi luditur; effluis, amens,
contemnere: sonat vitium, percussa maligne
respondet viridi non cocta fidelia limo.
udum et molle lutum es, nunc nunc properandus et acri
fingendus sine fine rota. sed rure paterno
est tibi far modicum, purum et sine labe salinum
(quid metuas?) cultrixque foci secura patella.
hoc satis? an deceat pulmonem rumpere ventis,

SATIRE 3

Das ist doch ewig das Gleiche: Schon tritt ins Fenster der helle Morgen und macht mit seinem Licht die engen Ritzen weiter. Wir schnarchen,[1] was genügt, den ungestümen Falerner[2] verdampfen zu lassen,[3] während der Strich vom fünften Schatten berührt wird.[4] »He du, was treibst du da? Die trockenen Saaten dörrt schon lange der tollwütige Hundsstern[5], und das ganze Vieh steht unter der weit ausgebreiteten Ulme«, sagt einer der Gefährten. »Wirklich? Ja? Schnell soll einer hierher kommen! Niemand da?« Ihm schwillt die glänzende[6] Galle. »Mich reißt's auseinander!« ⟨Das klingt so⟩, dass man meinen könnte, arkadische Viehherden[7] würden brüllen. Schon sind ihm ein Buch und ein zweifarbiges Pergamentblatt, das enthaart ist, in die Hände gekommen und Papyrus und das knotige Schilfrohr.[8] Dann beklagen wir, dass dicke Feuchtigkeit am Schreibrohr hängt. Doch wenn man Wasser darauf gießt, verblasst die schwarze Tinte, und wir beklagen, dass das Rohr die aufgelösten Tropfen verdopple.[9] Ach Elender und von Tag zu Tag noch mehr Elender, so weit ist es mit uns gekommen? Doch warum forderst du nicht lieber, dem zarten Täubchen und den Königssöhnen gleich, das Zerkleinerte[10] zu schlabbern, und weist zornig das La-la-la der Amme zurück?[11] »Mit so einem Schreibrohr soll ich studieren?« Wem machst du was vor? Was murmelst du diese Ausflüchte daher? Du erntest nur Hohn; du bist nicht ganz dicht,[12] Verrückter, wirst verachtet: Es ertönt der Fehler; wenn daran geklopft wird,[13] hallt der noch nicht gebrannte Topf, wenn der Ton noch frisch ist, unangenehm wider. Du bist feuchter und geschmeidiger Lehm, jetzt, jetzt gilt es zu eilen und geformt zu werden auf endlos eifriger Scheibe. Doch auf dem väterlichen Landgut hast du mäßig viel Dinkel, ein reines, makelloses Salzfass – warum solltest du Angst haben? – und eine sorglose Schale, die Bewohnerin des Herdes.[14] Ist das genug? Oder ist es wohl passend, die Lunge mit Wind zum Platzen zu bringen,[15] weil du von einem

stemmate quod Tusco ramum millesime ducis,
censoremque tuum vel quod trabeate salutas?
ad populum phaleras! ego te intus et in cute novi.
non pudet ad morem discincti vivere Nattae?
sed stupet hic vitio et fibris increvit opimum
pingue, caret culpa, nescit, quid perdat, et alto
demersus summa rursus non bullit in unda.

Magne pater divum, saevos punire tyrannos
haut alia ratione velis, cum dira libido
moverit ingenium ferventi tincta veneno:
virtutem videant intabescantque relicta.
anne magis Siculi gemuerunt aera iuvenci,
et magis auratis pendens laquearibus ensis
purpureas subter cervices terruit, 'imus,
imus praecipites' quam si sibi dicat et intus
palleat infelix, quod proxima nesciat uxor?

Saepe oculos, memini, tangebam parvus olivo,
grandia si nollem morituri verba Catonis
discere, non sano multum laudanda magistro,
quae pater adductis sudans audiret amicis.
iure: etenim id summum, quid dexter senio ferret,
scire erat in voto, damnosa canicula quantum
raderet, angustae collo non fallier orcae,
neu quis callidior buxum torquere flagello.
haut tibi inexpertum curvos deprendere mores,
quaeque docet sapiens bracatis illita Medis
porticus, insomnis quibus et detonsa iuventus
invigilat siliquis et grandi pasta polenta;

tuskischen Stammbaum deinen Zweig herleitest, du Tausendster[16], und Deinem Zensor den Gruß entbietest, sogar mit der Trabea bekleidet.[17] [30] Dem Volk die Ehrenzeichen![18] Ich kenne dich inwendig und hautnah. Schämst du dich nicht, in der Art des gürtellosen Natta[19] zu leben? Doch der ist im Laster geistig erstarrt, und sein üppiges Fett ist ihm in die Eingeweide hineingewachsen,[20] er ist frei von Schuld[21], weiß nicht, was er verliert, und, in die Tiefe hinabgetaucht,[22] blubbert er niemals wieder an der Oberfläche der Wogen.

[35] Großer Vater der Götter, wolltest du doch grimmige Tyrannen nicht auf andere Weise bestrafen, wenn ihnen grässliche Lust, getränkt mit glühendem Gift, den Sinn verändert hat: Mögen sie die Tugend erblicken[23] und vergehen, weil sie diese hinter sich gelassen haben! Hat heftiger das Erz des sizilischen Stiers gestöhnt[24] [40] und heftiger das von der goldenen Decke herabhängende Schwert den purpurnen Nacken darunter erschreckt,[25] als wenn zu sich selbst ⟨so⟩ einer »Ich falle, ich falle kopfüber!« sagt und im Inneren unglücklich erbleicht, was direkt neben ihm die Ehefrau nicht weiß?

Oft habe ich, als ich klein war, meine Augen, wie ich mich erinnere, mit Öl bestrichen,[26] wenn ich nicht gewillt war, [45] die großartigen Worte des zum Sterben bereiten Cato, die der nicht gescheite Lehrer sehr loben sollte, zu lernen,[27] damit mein Vater sie nach Hinzuziehung seiner Freunde schwitzend[28] hören könne. Mit Recht; denn das Höchste war für mich, was mir der günstige Sechser[29] bringen würde, mein Wunsch war zu wissen, wie viel mir der verdammte Hundswurf [50] abzwacken würde, nicht den Hals des engen Gefäßes zu verfehlen[30] und dass nicht irgendeiner geschickter darin sein würde, den Kreisel mit der Peitsche zu drehen. Dir ist es nicht unvertraut, die krummen Sitten zu erfassen[31] und das, was die weise Säulenhalle, die mit hosentragenden Medern bepinselt ist,[32] lehrt, das, worüber schlaflos und geschoren die Jugend [55] wacht, ernährt mit Schoten und derber Polenta; auch hat dir der Buch-

et tibi, quae Samios diduxit littera ramos,
surgentem dextro monstravit limite callem.
stertis adhuc laxumque caput compage soluta
oscitat hesternum dissutis undique malis.
est aliquid quo tendis et in quod dirigis arcum,
an passim sequeris corvos testaque lutoque
securus, quo pes ferat, atque ex tempore vivis?
elleborum frustra, cum iam cutis aegra tumebit,
poscentes videas: venienti occurrite morbo,
et quid opus Cratero magnos promittere montes?
discite et, o miseri, causas cognoscite rerum:
quid sumus et quidnam victuri gignimur, ordo
quis datus, aut metae qua mollis flexus et unde,
quis modus argento, quid fas optare, quid asper
utile nummus habet, patriae carisque propinquis
quantum elargiri deceat, quem te deus esse
iussit et humana qua parte locatus es in re.
disce, nec invideas, quod multa fidelia putet
in locuplete penu defensis pinguibus Umbris,
et piper et pernae, Marsi monumenta clientis,
maenaque quod prima nondum defecerit orca.

Hic aliquis de gente hircosa centurionum
dicat: 'quod sapio, satis est mihi. non ego curo
esse quod Arcesilas aerumnosique Solones
obstipo capite et figentes lumine terram,
murmura cum secum et rabiosa silentia rodunt
atque exporrecto trutinantur verba labello,
aegroti veteris meditantes somnia, gigni
de nihilo nihilum, in nihilum nil posse reverti.

stabe, der die samischen Zweige spaltet,[33] mit ihrem rechten Ast den aufsteigenden Pfad gewiesen. Du aber schnarchst noch, und dein schlotteriger Kopf, der aus den Fugen geraten ist,[34] klafft noch von gestern, wobei deine Kinnbacken auf beiden Seiten aus den Nähten gehen. [60] Gibt es irgendetwas, wohin du zielst und worauf du den Bogen richtest, oder setzt du planlos Raben mit Scherben und Lehm nach[35], unbesorgt darum, wohin dich die Füße tragen, und lebst nur aus dem Moment heraus? Leute, die vergeblich nach Nieswurz[36] verlangen, wenn die Haut schon krank und geschwollen ist, kannst du sehen: Tretet der Krankheit, wenn sie kommt, entgegen, [65] und was für eine Notwendigkeit besteht, dem Craterus[37] große Berge zu versprechen? Lernt und erkennt, ihr Elenden, die Ursachen der Dinge: Was wir sind und zu was für einem Leben wir gezeugt werden, welche Reihenfolge vorgegeben ist oder wo und woher ein sanftes Umfahren des Wendepunktes möglich ist,[38] welches Maß für ⟨den Erwerb von⟩ Silber es gibt, was zu wünschen erlaubt ist, welchen [70] Nutzen das unangenehme Geld hat, wie viel dem Vaterland und den lieben Nächsten zu spenden sich gehört, wer zu sein dir der Gott befohlen hat und an welchen Ort im menschlichen Gemeinwesen du gestellt bist. Lerne und schau nicht schief, weil mancher Topf in deiner reichhaltigen Vorratskammer verrottet, nachdem du fette Umbrer verteidigt hast, [75] und Pfeffer und Schinken, Andenken an einen marsischen Klienten, und weil die Sardellen im ersten Fass noch nicht ausgegangen sind.[39]

Hier mag einer vom Volk der nach Schweiß stinkenden Centurionen[40] sagen: »Was ich weiß, ist für mich genug. Mir macht es nichts aus zu sein, was Arkesilas[41] und sich abmühende Leute wie Solon[42] waren, die [80] den Kopf auf die Seite hängen lassen und mit den Augen die Erde durchbohren und, während sie bei sich ihr Murmeln und ihr wütendes Schweigen zerkauen und auf weit ausgestreckten Lippen Worte abwägen, über die Träume eines kranken Alten[43] nachsinnen, es könne aus nichts nichts entstehen und

hoc est quod palles? cur quis non prandeat hoc est?'
his populus ridet, multumque torosa iuventus
ingeminat tremulos naso crispante cachinnos.
'Inspice, nescio quid trepidat mihi pectus et aegris
faucibus exuperat gravis halitus, inspice sodes,'
qui dicit medico, iussus requiescere, postquam
tertia compositas vidit nox currere venas,
de maiore domo modice sitiente lagoena
lenia loturo sibi Surrentina rogabit.
'heus bone, tu palles.' 'nihil est.' 'videas tamen istuc,
quidquid id est. surgit tacite tibi lutea pellis.'
'at tu deterius palles. ne sis mihi tutor.
iam pridem hunc sepeli: tu restas.' 'perge, tacebo.'
turgidus hic epulis atque albo ventre lavatur,
gutture sulpureas lente exhalante mefites.
sed tremor inter vina subit calidumque trientem
excutit e manibus, dentes crepuere retecti,
uncta cadunt laxis tunc pulmentaria labris.
hinc tuba, candelae, tandemque beatulus alto
compositus lecto crassisque lutatus amomis
in portam rigidas calces extendit. at illum
hesterni capite induto subiere Quirites.
'Tange, miser, venas et pone in pectore dextram:
nil calet hic; summosque pedes attinge manusque:
non frigent.' visa est si forte pecunia sive
candida vicini subrisit molle puella,
cor tibi rite salit? positum est algente catino
durum olus et populi cribro decussa farina:
temptemus fauces; tenero latet ulcus in ore
putre, quod haut deceat plebeia radere beta.
alges, cum excussit membris timor albus aristas;

nichts in nichts zurückkehren. [85] Ist das der Grund dafür, dass du bleich bist? Warum einer nicht speist, ist es das?« Darüber lachen die Leute, und die sehr muskulöse Jugend kräuselt die Nase und wiederholt vielfach ihr scheppperndes Gelächter.[44]

Einer, der »Schau her, irgendwie bebt mir die Brust, und dem kranken Rachen entringt sich schwer der Atem, schau her, bitte!« [90] zum Arzt sagt, bekommt Ruhe verordnet, wird, nachdem die dritte Nacht den Puls ruhig schlagen gesehen hat,[45] sich aus einem reicheren Haus in einer mäßig durstigen Flasche[46], als er ein Bad nehmen will, einen leichten Surrentiner[47] holen. »He du, mein Guter, du bist bleich.«[48] »Das ist nichts.« »Pass dennoch auf das auf, [95] was immer es ist. Leise schwillt dir gelb die Haut an.«[49] »Aber du bist noch schlimmer bleich. Sei nicht mein Vormund. Schon längst habe ich den begraben: Du bist noch übrig.« »Mach nur weiter, ich werde schweigen.« Aufgebläht vom Essen und mit weißem Bauch[50] badet er, während sein Schlund stockend schweflische Dünste ausatmet. [100] Doch ein Zittern befällt ihn beim Wein und schlägt ihm den warmen[51] Becher aus der Hand, die entblößten Zähne klappern, dann entfallen die fetten Fleischstücke den schlaffen Lippen. Darauf die Tuba, Kerzen, endlich der so recht Selige; auf hohem Lager aufgebahrt und mit dickem Amomon[52] eingeschmiert, [105] streckt er die starren Fersen zur Tür hin. Doch ihn tragen Quiriten von gestern[53] mit bedecktem Kopf weg.

»Fühle mir, Elender,[54] den Puls und lege mir die Rechte auf die Brust: Nichts ist hier heiß; berühre mir Zehen- und Fingerspitzen: Sie sind nicht kalt.« Wenn sich dir zufällig Geld zeigt oder [110] die von Schönheit strahlende Tochter des Nachbarn dir heimlich sanft zulächelt, hüpft dir, wie gewohnt, das Herz? Vorgesetzt wird dir auf erkaltender Platte hartes Gemüse und durch ein Sieb des Volkes geseites Mehl. Lass uns deinen Rachen prüfen: Im zarten Mund verbirgt sich ein fauliges Geschwür, das plebejisches Mangold nicht ankratzen sollte.[55] [115] Du fröstelst, wenn dir die bleiche Angst an den Gliedern die borstigen Haare hochstellt, und jetzt, nachdem ich

nunc face supposita fervescit sanguis et ira
scintillant oculi, dicisque facisque, quod ipse
non sani esse hominis non sanus iuret Orestes.

dir Feuer untergelegt habe,[56] beginnt dir das Blut zu kochen, vor Zorn funkeln die Augen, und du redest und tust, was, wie selbst der geisteskranke Orestes[57] beschwören würde, zu einem geisteskranken Menschen passt.

SATURA IV

‘Rem populi tractas?’ (barbatum haec crede magistrum
dicere, sorbitio tollit quem dira cicutae)
‘quo fretus? dic hoc, magni pupille Pericli.
scilicet ingenium et rerum prudentia velox
ante pilos venit, dicenda tacendaque calles.
ergo ubi commota fervet plebecula bile,
fert animus calidae fecisse silentia turbae
maiestate manus. quid deinde loquere? “Quirites,
hoc puta non iustum est, illud male, rectius illud.”
scis etenim iustum gemina suspendere lance
ancipitis librae, rectum discernis, ubi inter
curva subit vel cum fallit pede regula varo,
et potis es nigrum vitio praefigere theta.
quin tu igitur, summa nequiquam pelle decorus,
ante diem blando caudam iactare popello
desinis, Anticyras melior sorbere meracas?
quae tibi summa boni est? uncta vixisse patella
semper et assiduo curata cuticula sole?
expecta: haut aliud respondeat haec anus. i nunc,
“Dinomaches ego sum,” suffla, “sum candidus.” esto,
dum ne deterius sapiat pannucia Baucis,
cum bene discincto cantaverit ocima vernae.’

Ut nemo in sese temptat descendere, nemo,
sed praecedenti spectatur mantica tergo!
quaesieris ‘nostin Vettidi praedia?’ ‘cuius?’
‘dives arat Curibus quantum non miluus errat.’
‘hunc ais – ’ ‘hunc dis iratis genioque sinistro

SATIRE 4

»Du betreibst die Sache des Volkes?« (Nimm an, dies sage der bärtige Lehrer[1], den das grausige Schlürfen des Schierlings hinwegnahm) »Worauf vertrauend? Sag das, Mündel[2] des großen Perikles. Klar doch, Talent und Kenntnis der Welt kamen dir schnell noch vor den Barthaaren, du bist clever im Reden und Schweigen. Sobald also, weil die Galle erregt ist, das Völklein[3] brodelt, treibt dich dein Sinn, die hitzige Menge zum Schweigen zu bringen durch die Erhabenheit der Hand.[4] Was wirst du dann sagen? Zum Beispiel ›Quiriten,[5] dies ist nicht gerecht, jenes übel, gerader jenes.‹ Denn du verstehst es, das Gerechte auf die beiden Schalen der schwankenden Waage zu legen, findest das Gerade heraus, wenn es zwischen das Krumme gerät, sogar dann, wenn der Maßstab durch einen Knickfuß irreführt, und bist imstande, vor einem Vergehen das schwarze Theta vorne anzuheften.[6] Warum also hörst du nicht damit auf, du außen durch deine Haut vergeblich Schöner,[7] schon vor Tagesanbruch den Schweif vor den schmeichelnden kleinen Leuten zu spreizen,[8] der du besser daran tätest, reine Antikyrae zu schlürfen.[9] Was ist für dich das höchste Gut? Immer aus einem fetten Schüsselchen zu leben und ein ständig von permanenter Sonne gepflegtes Häutchen? Warte: nichts anderes dürfte die Alte[10] hier dir antworten. Geh nur und blase dich auf: ›Ich bin der Sohn der Deinomache, ich bin strahlend vor Schönheit.‹[11] So sei es denn, wenn ⟨du nur einräumst, dass⟩ nicht weniger klug die runzlige Baukis ist, wenn sie dem gürtellosen[12] Hausknecht geschickt ihr Basilikum schreiend anpreist.«

Wie doch niemand versucht, in sich selbst hinabzusteigen[13], niemand, doch auf den Ranzen auf dem vorausgehenden Rücken wird geblickt![14] Du könntest fragen: »Kennst du das Landgut des Vettidius?« »Welches ⟨Vettidius?⟩« »⟨Dessen, der⟩ als Reicher in Cures[15] Land beackert, so weit kein Milan umherschweifen kann.« »Den meinst du ...« »Ja, den – die Götter zürnen ihm und sein Ge-

qui, quandoque iugum pertusa ad compita figit,
seriolae veterem metuens deradere limum
ingemit "hoc bene sit" tunicatum cum sale mordens
cepe, et farratam pueris plaudentibus ollam
pannosam faecem morientis sorbet aceti!'
at si unctus cesses et figas in cute solem,
est prope te ignotus, cubito qui tangat et acre
despuat: 'hi mores! penemque arcanaque lumbi
runcantem populo marcentes pandere vulvas!
tum, cum maxillis balanatum gausape pectas,
inguinibus quare detonsus gurgulio extat?
quinque palaestritae licet haec plantaria vellant
elixasque nates labefactent forcipe adunca,
non tamen ista filix ullo mansuescit aratro.'
    Caedimus inque vicem praebemus crura sagittis.
vivitur hoc pacto, sic novimus. ilia subter
caecum vulnus habes, sed lato balteus auro
praetegit. ut mavis, da verba et decipe nervos,
si potes. 'egregium cum me vicinia dicat,
non credam?' viso si palles, improbe, nummo,
si facis, in penem quidquid tibi venit, amarum
si puteal multa cautus vibice flagellas,
nequiquam populo bibulas donaveris aures.
respue, quod non es, tollat sua munera cerdo.
tecum habita: noris quam sit tibi curta supellex.

nius[16] ist ihm feindlich gesinnt –, der, wenn er sein Joch an das löchrige Heiligtum am Kreuzweg heftet,[17] den alten Lehm vom Krüglein zu schaben[18] sich scheut, sein ›Wohl bekomm's!‹ seufzt, in die gesalzene Zwiebel samt ihrer Schale beißt und, während die Sklaven den mit Mehlbrei gefüllten Topf bejubeln,[19] die lappige Hefe des sterbenden Essigs schlürft.« Jedoch wenn du eingeölt ausruhst und dir die Sonne auf die Haut heftest[20], ist ein Unbekannter nahe bei dir, der dich mit dem Ellbogen berührt und heftig losrotzt: ›Diese Sitten! Den Schwanz und die Geheimnisse des Unterleibs jäten[21] und den Leuten die ausgeleierte Arschfotze ausbreiten! Ferner, wo du doch an deinen Wangen die parfümierte Zotteldecke kämmst,[22] warum steht dir von der Schamgegend der geschorene Kornwurm hervor? Mögen auch fünf Ringkämpfer diese Pflanzen rupfen und die gebrühten[23] Arschbacken mit krummer Zange umbrechen, wird dennoch dieses Unkraut da durch keinen Pflug[24] bezähmt.‹

Wir treffen und bieten im Wechsel die Schenkel den Pfeilen dar.[25] Auf diese Weise lebt man, so kennen wir es. Unter den Weichen hast du eine unsichtbare Wunde[26], aber ein Gurt aus breitem Gold[27] verdeckt sie. Wie du willst, mach deinen Nerven was vor und täusche sie, wenn du kannst. »Wenn die Nachbarschaft mich herausragend nennt, soll ich es ihr nicht glauben?« Wenn du, Unehrlicher, beim Anblick von Geld bleich wirst,[28] wenn du alles tust, was dir in den Schwanz kommt, wenn du eine unfruchtbare Grube vorsichtig mit vielen Striemen peitschst,[29] schenkst du den Leuten deine dürstenden Ohren vergeblich. Weise von dir, was du nicht bist; soll doch der Prolet sein Geschenk behalten.[30] Wohne in dir selbst: dann weißt du, wie verknappt dein Hausrat ist.[31]

SATURA V

Vatibus hic mos est, centum sibi poscere voces,
centum ora et linguas optare in carmina centum,
fabula seu maesto ponatur hianda tragoedo,
vulnera seu Parthi ducentis ab inguine ferrum.
'quorsum haec? aut quantas robusti carminis offas
ingeris, ut par sit centeno gutture niti?
grande locuturi nebulas Helicone legunto,
si quibus aut Procnes aut si quibus olla Thyestae
fervebit saepe insulso cenanda Glyconi.
tu neque anhelanti, coquitur dum massa camino,
folle premis ventos, nec clauso murmure raucus
nescio quid tecum grave cornicaris inepte,
nec stloppo tumidas intendis rumpere buccas.
verba togae sequeris iunctura callidus acri,
ore teres modico, pallentes radere mores
doctus et ingenuo culpam defigere ludo.
hinc trahe, quae dicis, mensasque relinque Mycenis
cum capite et pedibus plebeiaque prandia noris.'
non equidem hoc studeo, pullatis ut mihi nugis
pagina turgescat dare pondus idonea fumo.
secrete loquimur. tibi nunc hortante Camena
excutienda damus praecordia, quantaque nostrae
pars tua sit, Cornute, animae, tibi, dulcis amice,
ostendisse iuvat. pulsa, dinoscere cautus
quid solidum crepet et pictae tectoria linguae.
hic ego centenas ausim deposcere fauces,
ut, quantum mihi te sinuoso in pectore fixi,

SATIRE 5

Die Dichter haben diesen Brauch, für sich hundert Stimmen zu fordern, hundert Münder und hundert Zungen für Gedichte zu wünschen,[1] sei es, dass ein den Mund aufsperrendes[2] Drama von einem traurigen Tragödienschauspieler vorgesetzt werden soll oder die Wunden eines Parthers, der das Eisen aus dem Unterleib zieht.[3] »Wozu denn dies?[4] Welch große Brocken kraftvoller Dichtung[5] willst du uns eintrichtern, so dass es angebracht ist, sich mit hundertfacher Kehle zu bemühen? Die, welche großartig sprechen wollen, sollen Nebel auf dem Helikon sammeln,[6] mag ihnen der Topf der Prokne oder ihnen der des Thyestes sieden, zum Mahl für den albernen Glykon bestimmt.[7] Du presst weder aus keuchendem Blasebalg, während die Masse in der Esse kocht, die Winde heraus, noch krächzt du heiser mit unterdrücktem Gemurmel irgendetwas Gewichtiges bei dir auf alberne Weise, noch suchst du mit einem ›Plopp!‹ die aufgeblasenen Wangen zu sprengen. Du bist auf Toga-Worte[8] aus, geschickt in scharfsinniger Verknüpfung und glattrund formulierend mit maßvollem Mund, kundig darin, an bleichen Sitten zu kratzen[9] und mit noblem Spott die Schuld festzumachen. Von hier hole, was du sagst, überlasse Mykene[10] das Mahl zusammen mit Kopf und Füßen und lerne plebejisches Essen kennen.« Ich bemühe mich jedenfalls nicht darum, mit dem Ziel, dass mir mein Blatt von schwarzgekleidetem Kleinkram[11] anschwillt, dazu geeignet, dem Rauch[12] Gewicht zu geben. In abgeschiedener Stille spreche ich. Dir gebe ich, weil die Camene[13] mich jetzt dazu treibt, zur Prüfung mein Inneres, und, welch großer Teil meiner Seele dir gehört, Cornutus, lieber Freund, dir zu zeigen macht mir Freude. Klopf an, du, behutsam darin, zu unterscheiden zwischen dem, was gediegen klingt, und der Tünche einer buntschillernden Zunge. Hier möchte ich wagen, hundert Kehlen zu fordern, damit, wie tief in der verwinkelten Brust ich dich mir fest eingefügt habe, ich mit reiner Stimme hervorhole und die Worte

voce traham pura, totumque hoc verba resignent,
quod latet arcana non enarrabile fibra.

Cum primum pavido custos mihi purpura cessit
bullaque succinctis Laribus donata pependit,
cum blandi comites totaque impune Subura
permisit sparsisse oculos iam candidus umbo
cumque iter ambiguum est et vitae nescius error
deducit trepidas ramosa in compita mentes,
me tibi supposui. teneros tu suscipis annos
Socratico, Cornute, sinu. tum fallere sollers
apposita intortos extendit regula mores,
et premitur ratione animus vincique laborat
artificemque tuo ducit sub pollice vultum.
tecum etenim longos memini consumere soles
et tecum primas epulis decerpere noctes.
unum opus et requiem pariter disponimus ambo,
atque verecunda laxamus seria mensa.
non equidem hoc dubites amborum foedere certo
consentire dies et ab uno sidere duci:
nostra vel aequali suspendit tempora Libra
Parca tenax veri, seu nata fidelibus hora
dividit in Geminos concordia fata duorum,
Saturnumque gravem nostro Iove frangimus una,
nescio quod certe est quod me tibi temperat astrum.

Mille hominum species et rerum discolor usus,
velle suum cuique est nec voto vivitur uno.
mercibus hic Italis mutat sub sole recenti
rugosum piper et pallentis grana cumini,

ganz das entsiegeln, was in der geheimen Faser des Inneren Unaussprechliches verborgen ist.

Sobald von mir, dem Schüchternen, der behütende Purpur gegangen war und die Kapsel, den hochgegürteten Laren geschenkt, dahing[14], als die Gefährten verführerisch waren und der weiße Gewandbausch mir schon erlaubte, ungestraft in der ganzen Subura[15] die Augen umherschweifen zu lassen, und zu der Zeit, wenn der Weg zwiespältig ist[16] und Irrtum, des Lebens unkundig, die ängstlichen Gemüter abseits auf verzweigte Pfade führt, gab ich mich dir in die Hände. Du nahmst meine zarten Jahre in deinem sokratischen Schoß auf, Cornutus. Da hat, geschickt im Täuschen, das angelegte Richtmaß den krummen Charakter straff gemacht, der Geist wurde von der Vernunft bedrängt, bemühte sich, von ihr besiegt zu werden, und nahm unter deinem Daumen das Aussehen eines Kunstwerks an.[17] Denn mit dir – ich erinnere mich gut – habe ich lange Tage ganz und gar verbracht und mit dir durch ein Mahl der Nacht den Anfang abgezwackt. Als etwas Gemeinsames teilten wir beide in gleicher Weise die Arbeit und das Ausruhen, und am bescheidenen Esstisch lockerten wir auf, was uns ernst war. Du jedenfalls dürftest dies nicht bezweifeln, dass für uns beide die Tage in festem Bund übereinstimmen und sie von einem einzigen Sternbild gelenkt werden: Sei es, dass unsere Zeiten an einer gleichmäßig messenden Waage[18] aufhängte die an der Wahrheit festhaltende Parze[19] oder dass die Stunde, geschaffen für einander Treue, auf die Zwillingsbrüder[20] das bei uns zweien übereinstimmende Schicksal verteilte und wir zusammen mit Hilfe unseres Jupiters[21] die Macht des bedrückenden Saturn brechen; irgendein Gestirn ist es sicherlich, das mich mit dir vereint.

Die Arten der Menschen sind tausend, und bunt ist die Verwendung der Dinge; jeder hat seinen eigenen Wunsch, und man lebt nicht mit ein und demselben Willen. Der tauscht für italische Waren unter der Sonne, wenn sie noch jung ist,[22] runzligen Pfeffer und Körner des bleichenden Kümmels ein, der will sich lie-

hic satur irriguo mavult turgescere somno,
hic campo indulget, hunc alea decoquit, ille
in venerem putris; sed cum lapidosa cheragra
fregerit articulos, veteris ramalia fagi,
tunc crassos transisse dies lucemque palustrem
et sibi iam seri vitam ingemuere relictam.
at te nocturnis iuvat impallescere chartis,
cultor enim iuvenum purgatas inseris aures
fruge Cleanthea. petite hinc, puerique senesque,
finem animo certum miserisque viatica canis.
'cras hoc fiet idem.' cras fiet! 'quid? quasi magnum,
nempe diem donas?' sed cum lux altera venit,
iam cras hesternum consumpsimus; ecce aliud cras:
egerit hoc annos et semper paulum erit ultra.
nam quamvis prope te, quamvis temone sub uno
vertentem sese frustra sectabere canthum,
cum rota posterior curras et in axe secundo.
    Libertate opus est: non hac, ut quisque Velina
Publius emeruit, scabiosum tesserula far
possidet. heu steriles veri, quibus una Quiritem
vertigo facit! hic Dama est: non tresis agaso,
vappa lippus et in tenui farragine mendax.
verterit hunc dominus, momento turbinis exit
Marcus Dama. papae! Marco spondente recusas
credere tu nummos? Marco sub iudice palles?
Marcus dixit, ita est. assigna, Marce, tabellas.
haec mera libertas, haec nobis pillea donant.
'an quisquam est alius liber, nisi ducere vitam
cui licet ut libuit? licet ut volo vivere: non sum
liberior Bruto?' mendose colligis, inquit

ber gesättigt in ihn berieselndem Schlaf mästen, der ist dem Sportplatz[23] verfallen, den kocht der Würfel ein,[24] jener wird morsch über dem Sex; doch wenn die steinerne Gicht die Finger, Gezweig einer alten Buche, gebrochen hat, dann seufzen sie bereits zu spät, dass im dichten Nebel ihre Tage, ihr Licht im Sumpf dahingegangen und von ihnen das ⟨wahre⟩ Leben zurückgelassen worden sei. Doch dich freut es, über nächtlichen Papyri blass zu werden, denn als Pfleger der jungen Männer besäst du ihre Ohren, wenn du sie ausgeputzt hast, mit der kleanthischen[25] Frucht. Sucht euch, Knaben und alte Männer, ein sicheres Ziel für den Geist und Proviant für die elenden grauen Haare.[26] »Morgen wird genau dies gemacht.« Ja, morgen wird es gemacht! »Was, als was Großartiges schenkst du mir wahrhaftig einen Tag?« Doch wenn der andere Tag kommt, haben wir schon das gestrige ›morgen‹ verbraucht; da schau her: ein anderes ›morgen‹: Das schöpft die Jahre aus und wird immer ein bisschen weiter sein. Denn wenn es dir auch nahe ist, wenn es sich auch unter ein und demselben Langbaum[27] dreht, verfolgst du die Felge vergeblich, weil du als Hinterrad und an der nachfolgenden Achse läufst.

Freiheit ist notwendig. Nicht die, dass ein Publius aus der Velina[28], wie er es gerade verdient hat, verdorbenes Mehl für seine Marke erwerben wird.[29] Wehe ihr Wahrheitslosen, für die ⟨jemanden⟩ ein einmaliges Herumdrehen[30] zum Quiriten macht! Dies hier ist Dama, ein Stallknecht, keine drei As wert, triefäugig vom Krätzer, beim wenigen Mischfutter ein Betrüger[31]. Hat der Herr ihn umgedreht, geht im Augenblick des Kreisens ein Marcus Dama hervor. Donnerwetter! Wenn Marcus bürgt, weigerst du dich, Geld zu verleihen? Unter Marcus als Richter erbleichst du? Marcus hat es gesagt, so ist es. Marcus, siegle die Täfelchen[32]. Dies ist die reine Freiheit, dies schenken uns die Filzkappen[33]. »Aber ist jemand sonst frei, wenn nicht der, welcher sein Leben führen darf, wie es ihm beliebt? Ich darf leben, wie ich will: Bin ich nicht freier als Brutus?«[34] Du folgerst falsch, sagt der Stoiker hier, dessen Ohr mit

Stoicus hic aurem mordaci lotus aceto.
haec reliqua accipio, ‘licet’ illud et ‘ut volo’ tolle.
‘vindicta postquam meus a praetore recessi,
cur mihi non liceat, iussit quodcumque voluntas,
excepto siquid vetuit rubrica Masuri?’
    Disce, sed ira cadat naso rugosaque sanna,
dum veteres avias tibi de pulmone revello.
non praetoris erat stultis dare tenuia rerum
officia atque usum rapidae permittere vitae:
sambucam citius caloni aptaveris alto.
stat contra Ratio et secretam garrit in aurem,
ne liceat facere id, quod quis vitiabit agendo.
publica lex hominum naturaque continet hoc fas,
ut teneat vetitos inscitia debilis actus.
diluis elleborum, certo compescere puncto
nescius examen: vetat hoc natura medendi.
navem si poscat sibi peronatus arator
Luciferi rudis, exclamet Melicerta perisse
frontem de rebus. tibi recto vivere talo
ars dedit? et veri specimen dinoscere calles,
nequa subaerato mendosum tinniat auro?
quaeque sequenda forent quaeque evitanda vicissim,
illa prius creta, mox haec carbone notasti?
es modicus voti, presso lare, dulcis amicis?
iam nunc astringas, iam nunc granaria laxes,
inque luto fixum possis transcendere nummum
nec gluttu sorbere salivam Mercurialem?
‘haec mea sunt, teneo,’ cum vere dixeris, esto
liberque ac sapiens praetoribus ac Iove dextro.
sin tu, cum fueris nostrae paulo ante farinae,

beißendem Essig ausgespült ist.[35] Das Übrige akzeptiere ich, das »darf, wie ich will« da streiche. »Seit ich kraft des Freilassungsstabes als mein eigener Herr vom Prätor zurückgekehrt bin, warum sollte ich nicht dürfen, was immer mein Wille mir befohlen hat, ausgenommen vielleicht das, was der Rotstift des Masurius[36] verboten hat?«

Lerne, aber der Zorn und die runzlige Grimasse sollen von der Nase fallen, während ich dir die alten Omas aus der Brust reiße.[37] Es war nicht die Sache des Prätors, Dummköpfen feine Verpflichtungen gegenüber den Dingen zu vermitteln und den Umgang mit dem uns mit sich reißenden Leben freizustellen; schneller würdest du einen hochgewachsenen Trossknecht mit der Sambuca[38] vertraut machen. Dem steht die Vernunft entgegen und schwatzt dir heimlich ins Ohr, man dürfe nicht das tun, was man durch Handeln verderben werde. Öffentliches Menschengesetz und die Natur beinhaltet dieses Gebot, dass schwächliche Unwissenheit sich verbotenen Handelns enthalten soll. Du löst Nieswurz auf und verstehst dich nicht darauf, den Waagebalken an einem bestimmten Punkt anzuhalten: Das verbietet das Wesen der Heilkunst.[39] Wenn ein Schiff für sich ein gestiefelter, zu wenig vom Morgenstern verstehender[40] Landmann, verlangt, dürfte Melikerta[41] schreien, aus der Welt sei die Scham verschwunden. Hat dir mit aufrechtem Fuß[42] zu leben die Kunst[43] die Fähigkeit gegeben? Und bist du schlau genug, ein Muster des Wahren zu erkennen, so dass dir Talmigold nicht trügerisch erklingt?[44] Was zu erstreben ist und was wiederum zu vermeiden – hast du erst das eine mit Kreide, dann das andere mit Kohle notiert?[45] Bist du maßvoll im Wünschen, sparsam im Haushalt, nett zu den Freunden? Könntest du deinen Kornspeicher jetzt verstopfen, jetzt leeren,[46] und könntest du an der Münze, die im Kot festsitzt, vorbeigehen, ohne glucksend den Speichel der Gewinnsucht einzuschlürfen?[47] Wenn du »Das gehört mir, das behalte ich« ehrlich sagst, sollst du mit Begünstigung der Prätoren und Jupiters[48] frei und weise sein. Wenn du

pelliculam veterem retines et fronte politus
astutam vapido servas in pectore vulpem,
quae dederam supra, relego funemque reduco.
nil tibi concessit ratio; digitum exere, peccas,
et quid tam parvum est? sed nullo ture litabis,
haereat in stultis brevis ut semuncia recti.
haec miscere nefas nec, cum sis cetera fossor,
tris tantum ad numeros satyrum moveare Bathylli.
'liber ego' unde datum hoc sumis, tot subdite rebus?
an dominum ignoras nisi quem vindicta relaxat?
'i puer et strigiles Crispini ad balnea defer,'
si increpuit, 'cessas nugator?' servitium acre
te nihil impellit nec quidquam extrinsecus intrat,
quod nervos agitet; sed si intus et in iecore aegro
nascuntur domini, qui tu impunitior exis
atque hic, quem ad strigiles scuticae metus egit erilis?
    Mane piger stertis. 'surge,' inquit Avaritia, 'eia,
surge.' negas. instat, 'surge,' inquit. 'non queo.' 'surge.'
'et quid agam?' 'rogat! en saperdas advehe Ponto,
castoreum, stuppas, hebenum, tus, lubrica Coa;
tolle recens primus piper et sitiente camelo;
verte aliquid; iura.' 'sed Iuppiter audiet.' 'eheu,
baro, regustatum digito terebrare salinum
contentus perages, si vivere cum Iove tendis.'
iam pueris pellem succinctus et oenophorum aptas.
ocius ad navem! nihil obstat, quin trabe vasta

aber, wo du doch noch kürzlich einer von unserem Mehl[49] warst, deine alte Haut behältst[50] und mit glatter Stirn einen verschlagenen Fuchs im verdorbenen Herzen bewahrst, nehme ich zurück, was ich dir oben gegeben hatte, und ziehe wieder den Strick an.[51] Nichts hat dir die Vernunft zugestanden; streck nur den Finger aus, und du begehst eine Fehlhandlung, und was ist so geringfügig?[52] Doch mit keinem Weihrauch wird man so erfolgreich opfern, dass an Dummköpfen auch nur eine winzige halbe Unze des Rechten haftet. Das verbinden zu können, wäre wider die Natur,[53] und wenn du im Übrigen ein Bauer wärst, könntest du nicht einmal nur drei Takte lang den Satyr des Bathyllus tanzen.[54] Woher dir gegeben nimmst du dies »Ich bin frei«, du so vielen Dingen Unterworfener? Oder kennst du nur den Herrn, den dir der Freiheitstab vom Hals schafft? Wenn es »Geh, Sklave, und bringe die Striegel zum Bad des Crispinus« dröhnt und »Trödelst du Nichtsnutz?«, bedrängt dich in keiner Weise bittere Knechtschaft, und nichts dringt von außen in dich ein, was die Sehnen in Gang setzt;[55] aber wenn im Inneren und in der kranken Leber[56] Herren entstehen, wie kommst du dann eher ungestraft davon als der, den zu den Striegeln die Furcht vor der Peitsche des Herrn trieb?

Am Morgen schnarchst du träge. »Steh auf«, sagt die Habgier, »los, steh auf!« Du sagst nein. Sie drängt. »Steh auf«, sagt sie. »Ich kann nicht.« »Steh auf!« »Und was soll ich tun?« »Er fragt noch! Na, schaff Salzheringe vom Pontus[57] herbei, Bibergeil, Werg, Ebenholz, Weihrauch, süffigen Koër[58]; bring als Erster den heurigen Pfeffer von dort und das, solange das Kamel noch dürstet.[59] Setze irgendwas in Gewinn um, schwöre Eide.«[60] »Aber Jupiter wird es hören.«[61] »Wehe, du Holzkopf, du wirst dich halt permanent damit begnügen müssen, mit dem Finger in dein ausgeschlecktes Salzfässchen zu bohren,[62] wenn du danach strebst, mit Jupiter zu leben.« Schon legst du, hoch gegürtet, den Sklaven Rucksack und Weinkrug auf. Schnell zum Schiff! Nichts steht dir im Wege, dass du nicht auf riesigem Kiel eilends die Ägäis durchmisst,

Aegaeum rapias, ni sollers Luxuria ante
seductum moneat: 'quo deinde, insane, ruis, quo?
quid tibi vis? calido sub pectore mascula bilis
intumuit, quam non extinxerit urna cicutae?
tu mare transilias? tibi torta cannabe fulto
cena sit in transtro, Veiientanumque rubellum
exhalet vapida laesum pice sessilis obba?
quid petis? ut nummi, quos hic quincunce modesto
nutrieras, pergant avidos sudare deunces?
indulge genio, carpamus dulcia, nostrum est
quod vivis, cinis et manes et fabula fies;
vive memor leti, fugit hora, hoc quod loquor inde est.'
en quid agis? duplici in diversum scinderis hamo.
huncine an hunc sequeris? subeas alternus oportet
ancipiti obsequio dominos, alternus oberres.
nec tu, cum obstiteris semel instantique negaris
parere imperio, 'rupi iam vincula,' dicas;
nam et luctata canis nodum abripit, et tamen illi,
cum fugit, a collo trahitur pars longa catenae.
'Dave, cito, hoc credas iubeo, finire dolores
praeteritos meditor,' crudum Chaerestratus unguem
arrodens ait haec. 'an siccis dedecus obstem
cognatis? an rem patriam rumore sinistro
limen ad obscenum frangam, dum Chrysidis udas
ebrius ante fores extincta cum face canto?'
'euge puer, sapias, dis depellentibus agnam
percute.' 'sed censen, plorabit, Dave, relicta?'
'nugaris! solea, puer, obiurgabere rubra,
ne trepidare velis atque artos rodere casses.

wenn nicht vorher schlau die Genusssucht dich beiseite nimmt und mahnt: »Wohin denn, du Irrer, stürzt du, wohin? Was fällt dir ein? Ist unter der heißen Brust die männliche Galle so geschwollen, dass kein Eimer voll Schierling sie löschen könnte?[63] Du willst den Sprung übers Meer machen? Für dich soll, während du dich auf ein gedrehtes Hanfseil stützt, Mahlzeit auf einer Ruderbank sein, und rötlichen Vejenter, der durch ranziges Pech[64] verdorben ist, soll der breit aufsitzende Becher[65] ausdünsten? Wonach strebst du? Dass das Geld, dass du mit bescheidenen fünf Prozent gefüttert hast, dir permanent gierige elf Prozent ausschwitzt? Gib deinem Genius[66] nach, lass uns Süßes pflücken; uns gehört dein Leben, Asche und Schatten und Nachruf wirst du sein; lebe in Gedanken an den Tod, es flieht die Stunde, die Zeit, die ich rede, geht davon ab.« Na, was tust du? Von einem doppelten Haken wirst du nach zwei Seiten auseinandergerissen.[67] Folgst du dem oder dem? Du musst dich abwechselnd in zwiespältiger Subordination den Herren unterstellen, abwechselnd säumig sein. Und wenn du einmal widerstehst und dich weigerst, dem momentanen Befehl zu gehorchen, sollst du nicht »jetzt habe ich die Fesseln gesprengt« sagen; denn auch ein Hund reißt, wenn er sich darum bemüht, einen Knoten auf, und dennoch wird von ihm, wenn er davonläuft, am Hals ein langes Stück der Kette mitgeschleift.

»Davus[68], schnell, ich befehle, dass du das glaubst, ich sinne darauf, die früheren Schmerzen zu beenden.« Chairestratos, der an seinem blutigen Nagel nagt, sagt dies. »Oder soll ich vor den trockenen Verwandten als Schande dastehen? Oder mein vom Vater geerbtes Vermögen mit linkischem Gerede an der unzüchtigen[69] Schwelle zerschlagen, während ich vor der feuchten[70] Tür der Chrysis betrunken mit erloschener Fackel singe?« »Bravo, mein Junge, da wärst du vernünftig, und schlachte den ⟨Unheil⟩ abwehrenden Göttern ein Lamm.« »Aber meinst du, Davus, sie wird heulen, wenn sie verlassen worden ist?« »Du redest Unsinn! Du wirst mit der roten Sandale gezüchtigt werden, mein Junge,

nunc ferus et violens; at si vocet, haut mora dicas:
“quidnam igitur faciam? nec nunc, cum arcessor et ultro
supplicet, accedam?” si totus et integer illinc
exieras, nec nunc.’ hic hic, quod quaerimus, hic est,
non in festuca, lictor quam iactat ineptus.
ius habet ille sui, palpo quem ducit hiantem
cretata Ambitio? ‘vigila et cicer ingere large
rixanti populo, nostra ut Floralia possint
aprici meminisse senes: “quid pulchrius?”’ at cum
Herodis venere dies, unctaque fenestra
dispositae pinguem nebulam vomuere lucernae
portantes violas, rubrumque amplexa catinum
cauda natat thynni, tumet alba fidelia vino,
labra moves tacitus recutitaque sabbata palles.
tum nigri lemures ovoque pericula rupto,
tum grandes Galli et cum sistro lusca sacerdos
incussere deos inflantes corpora, si non
praedictum ter mane caput gustaveris alli.
Dixeris haec inter varicosos centuriones,
continuo crassum ridet Pulfennius ingens
et centum Graecos curto centusse licetur.

damit du nicht zappeln und an engen Netzen nagen willst. Jetzt bist du wild und forsch. Doch sollte sie rufen, wirst du wohl ohne zu zögern sagen: ›Was soll ich denn nun tun? Nicht einmal jetzt, wo nach mir geschickt wird und sie von sich aus fleht, soll ich hingehen?‹ Wenn du ganz und uneingeschränkt von dort herausgekommen bist, dann auch jetzt nicht.« Hier, hier ist das, was wir suchen, hier ist es, [175] nicht in dem Stab[71], den der alberne[72] Liktor schwingt. Hat denn der sein eigenes Recht der, den mit der Hand, während er den Mund aufsperrt, die kreideweiß gekleidete[73] Ehrsucht führt? »Sei wachsam und stopfe dem sich zankenden Volk reichlich Kichererbsen ins Maul, damit sich an unsere Floralien[74] die sich sonnenden alten Männer noch erinnern können: ›Was war schöner?‹« Doch wenn [180] die Tage des Herodes[75] gekommen sind, am ölverschmierten Fenster die dort verteilten Veilchen tragenden Lampen[76] fetten Qualm ausgespien haben, die rötliche Schüssel umfassend der Schwanz des Thunfisches[77] schwimmt und die weiße Karaffe vom Wein schäumt, bewegst du schweigend die Lippen und erbleichst vor dem beschnittenen[78] Sabbat. [185] Dann hämmern schwarze Lemuren[79], Gefahren, wenn Eier zerbrochen sind,[80] dann gewaltige Galli[81] und die schielende Priesterin mit dem Sistrum[82] dir Götter ein, die den Leib blähen, wenn du nicht dreimal am Morgen einen vorgeschriebenen Knoblauchkopf verspeist hast.

Hast du dies unter krampfadrigen Centurionen[83] gesagt, [190] lacht sofort fettig der riesige Pulfennius und bietet für hundert Griechen[84] knapp hundert As zum Verkauf an.

SATURA VI

Admovit iam bruma foco te, Basse, Sabino?
iamne lyra et tetrico vivunt tibi pectine chordae?
mire opifex numeris veterum primordia vocum
atque marem strepitum fidis intendisse Latinae,
mox iuvenes agitare iocos et pollice honesto
egregius lusisse senex. mihi nunc Ligus ora
intepet hibernatque meum mare, qua latus ingens
dant scopuli et multa litus se valle receptat.
'Lunai portum, est operae, cognoscite, cives.'
cor iubet hoc Enni, postquam destertuit esse
Maeonides Quintus pavone ex Pythagoreo.
hic ego securus vulgi et quid praeparet Auster
infelix pecori, securus et angulus ille
vicini nostro quia pinguior; etsi adeo omnes
ditescant orti peioribus, usque recusem
curvus ob id minui senio aut cenare sine uncto
et signum in vapida naso tetigisse lagoena.
discrepet his alius: geminos, horoscope, varo
producis genio: solis natalibus est qui
tinguat olus siccum muria vafer in calice empta,
ipse sacrum irrorans patinae piper; hic bona dente
grandia magnanimus peragit puer. utar ego, utar,
nec rhombos ideo libertis ponere lautus,
nec tenues sollers turdarum nosse salivas.
messe tenus propria vive et granaria (fas est)

SATIRE 6

Hat dich, Bassus[1], der Winterfrost schon an deinen sabinischen Herd getrieben? Werden deine Lyra und die Saiten schon vom ernsten Plektrum belebt? Du bist ein wunderbarer Künstler darin, mit den Metren der alten ⟨Dichter⟩ die Urtümlichkeit der Worte und den männlichen Klang der latinischen Lyra zu steigern, andererseits jugendliche Scherze zu treiben und mit dem ehrenwerten Daumen als herausragender alter Mann zu spielen. Für mich ist die ligurische Küste jetzt mild warm, es liegt im Winterschlaf mein Meer[2] dort, wo die Klippen ihre riesige Flanke darbieten und das Ufer mit vielen Buchten zurückweicht.

»Lunas[3] Hafen – die Mühe ist's wert – lernt kennen, ihr Bürger.«

Dazu fordert das Herz des Ennius auf, nachdem er zu Ende geschnarcht hat, er sei der Mäonide Quintus nach dem pythagoreïschen Pfau.[4] Hier kümmert mich nicht das einfache Volk und das, was der Auster[5], unheilvoll für das Vieh, bereithält, kümmert auch nicht, dass dort der stille Winkel meines Nachbarn fetter ist als der meine; wenn auch alle, die aus niedrigeren Verhältnissen stammen, noch so reich werden – ich weigere mich permanent, mich deswegen krumm und durch greisenhafte Grämlichkeit klein machen zu lassen oder ohne etwas Fetthaltiges zu speisen und das Siegel an einer abgestandenen Flasche mit der Nase zu berühren. Ein anderer wird hier wohl widersprechen: Zwillinge bringst du, Geburtsstern, mit unterschiedlichem Genius[6] hervor: Es gibt den, der nur am Geburtstag seinen trockenen Kohl schlau mit Soße benetzt, die in einem Napf gekauft wurde, wobei er selbst heiligen Pfeffer auf die Schale sprüht; der, ein großmütiger Bursche, bringt mit den Zähnen große Güter durch. Ich will genießen, genießen, aber deswegen nicht Freigelassenen protzig Schollen vorsetzen, nicht raffiniert am zarten Geschmack die weiblichen Drosseln erkennen. Lebe entsprechend deiner eigenen Ernte und mahle – das ist

emole. quid metuis? occa, et seges altera in herba est.
'ast vocat officium: trabe rupta Bruttia saxa
prendit amicus inops remque omnem surdaque vota
condidit Ionio, iacet ipse in litore et una
ingentes de puppe dei, iamque obvia mergis
costa ratis lacerae.' nunc et de caespite vivo
frange aliquid, largire inopi, ne pictus oberret
caerulea in tabula. 'sed cenam funeris heres
negleget iratus, quod rem curtaveris; urnae
ossa inodora dabit, seu spirent cinnama surdum
seu ceraso peccent casiae, nescire paratus.
"tune bona incolumis minuas?"' et Bestius urguet
doctores Graios: 'ita fit; postquam sapere urbi
cum pipere et palmis venit nostrum hoc maris expers,
fenisecae crasso vitiarunt unguine pultes.'
haec cinere ulterior metuas? at tu, meus heres,
quisquis eris, paulum a turba seductior audi.
o bone, num ignoras? missa est a Caesare laurus
insignem ob cladem Germanae pubis, et aris
frigidus excutitur cinis, ac iam postibus arma,
iam chlamydes regum, iam lutea gausapa victis
essedaque ingentesque locat Caesonia Rhenos.
dis igitur genioque ducis centum paria ob res
egregie gestas induco. quis vetat? aude!
vae, nisi conives: oleum artocreasque popello
largior. an prohibes? dic clare! 'non adeo,' inquis
'exossatus ager iuxta est?' age, si mihi nulla

erlaubt – die Kornspeicher leer. Was fürchtest du? Egge, und eine andere Saat steht im Halm. »Doch es ruft die Pflicht:[7] Nachdem sein Schiff geborsten ist, klammert sich an die bruttischen Felsen ein mittelloser Freund, und er hat seinen ganzen Besitz und seine ungehörten Gebete im Jonischen Meer bestattet; er selbst liegt am Ufer und zusammen mit ihm die gewaltigen Götter vom Heck[8], und schon bieten sich die Spanten des zerstörten Schiffes den Tauchervögeln dar.« Jetzt brich auch vom lebendigen Rasen[9] etwas ab, schenke es dem Mittellosen, damit er nicht, auf eine blaue Tafel gemalt, umherirrt.[10] »Doch dein Erbe wird das Totenmahl vernachlässigen[11] im Zorn darüber, weil du seinen Besitz geschmälert hättest; der Urne wird er deine Knochen ohne Wohlgerüche übergeben, bereit es zu ignorieren, wenn der Stangenzimt nur schwach duftet[12] oder der Zimt von Kirschholz verfälscht ist. ›Solltest du deine Güter schadlos verkleinern?‹«[13] Und ein Bestius[14] setzt den griechischen Lehrern zu: »So läuft das: Seit diese unsere weibische Weisheit[15] zusammen mit Pfeffer und Datteln in die Stadt gekommen ist, haben die Heuschnitter mit dickem Schmalz ihren Brei verdorben.« Das willst du dann jenseits der Asche fürchten? Doch du, mein Erbe, wer auch immer du sein wirst, ein wenig von der Menge abgesondert höre. Mein Guter, weißt du es nicht? Von Caesar[16] wurde ein Lorbeerzweig gesandt[17] wegen einer bemerkenswerten Niederlage der germanischen Jugend, von den Altären wird erkaltete Asche gefegt,[18] und schon gibt für Türpfosten Waffen[19], schon die Mäntel der Könige,[20] schon rotblonde Zotteln[21] für die Besiegten, Streitwagen, riesige Rheine Caesonia in Auftrag. Also bringe ich den Göttern und dem Genius des Heerführers hundert Gladiatorenpaare wegen hervorragender Taten dar.[22] Wer verbietet es mir? Wage es! Wehe, wenn du nicht nachsichtig bist: Öl, ein Gericht aus Brot und Fleisch spende ich dem Völkchen. Oder willst du mich hindern? Sage es deutlich! »Nicht genug ausgebeint«, sagst du, »ist hier an der Seite der Acker?«[23] Gut denn,[24] wenn mir nun schon keine von den Tanten

iam reliqua ex amitis, patruelis nulla, proneptis
nulla manet patrui, sterilis matertera vixit,
deque avia nihilum superest, accedo Bovillas
clivumque ad Virbi: praesto est mihi Manius heres.
'progenies terrae?' quaere ex me, quis mihi quartus
sit pater: haut prompte, dicam tamen; adde etiam unum,
unum etiam: terrae est iam filius, et mihi ritu
Manius hic generis prope maior avunculus exit.
qui prior es, cur me in decursu lampada poscis?
sum tibi Mercurius, venio deus huc ego, ut ille
pingitur. an renuis? vis tu gaudere relictis?
'dest aliquid summae.' minui mihi, sed tibi totum est,
quidquid id est. ubi sit, fuge quaerere, quod mihi quondam
legarat Tadius, neu dicta: 'pone paterna,
fenoris accedat merces, hinc exime sumptus:
quid reliquum est?' reliquum? nunc nunc impensius ungue,
ungue, puer, caules. mihi festa luce coquetur
urtica et fissa fumosum sinciput aure,
ut tuus iste nepos olim satur anseris extis,
cum morosa vago singultiet inguine vena,
patriciae immeiat vulvae? mihi trama figurae
sit reliqua, ast illi tremat omento popa venter?
Vende animam lucro, mercare atque excute sollers
omne latus mundi, nec sit praestantior alter
Cappadocas rigida pingues plausisse catasta,
rem duplica. 'feci; iam triplex, iam mihi quarto,
iam decies redit in rugam; depunge ubi sistam.'
inventus, Chrysippe, tui finitor acervi!

mehr übrig ist, keine Cousine, keine Urenkelin des Onkels mehr bleibt, die Tante von Mutterseite unfruchtbar gelebt hat und von der Großmutter nichts übrig ist,[25] gehe ich nach Bovilla[26] und zum Hügel des Virbius:[27] Zur Hand ist mir ein Manius[28] als Erbe. »Ein aus der Erde Geborener?«[29] Frage mich, wer mir der vierte Ahne ist: Nicht auf Anhieb, aber ich will es dennoch sagen; füge noch einen hinzu, noch einen: Schon ist er ein Sohn der Erde, und nach dem Brauch der Verwandtschaft geht dieser Manius mir beinahe als Urgroßonkel hervor. Der du vor mir bist, warum verlangst du von mir mitten im Lauf die Fackel?[30] Ich bin für dich Merkur[31], ich komme als Gott hierher, wie er gemalt wird. Oder lehnst du das ab? Willst du dich nicht an dem, was übrig geblieben ist, erfreuen? »Es fehlt etwas von der Summe.« Mir habe ich sie vermindert, aber dir ist sie ein Ganzes, wie auch immer dies ist. Vermeide es zu fragen, wo das ist, was mir einst Tadius[32] hinterlassen hat, und diktiere nicht: »Setze das väterliche Vermögen an, hinzu komme der Ertrag aus den Zinsen, nimm hiervon deine Ausgaben weg: Was ist übrig?« Übrig? Jetzt, jetzt schmalze reichlicher, schmalze, Sklave, den Kohl. Mir wird am Festtag Brennnesselkraut gekocht werden und ein rauchiger Schweinekopf mit gespaltenem Ohr, damit dein Verschwender da[33] einst, satt von den Innereien einer Gans, wenn sein launischer Schwanz am herumschweifenden Unterleib röchelt, hineinspritzt in eine patrizische Fotze? Mir soll die Gestalt eines dünnen Gewebes übrig sein, doch ihm soll sein Opferdienerbauch vom Fett schwabbeln?

Verkaufe dein Leben für Gewinn, treibe Handel und durchmustere geschickt jede Gegend der Welt, und es sei kein anderer hervorragender darin, an fette Kappadoker[34] auf ragendem Podest zu klatschen. Verdopple dein Vermögen. »Das habe ich getan, schon dreifach, schon vierfach, schon zehnmal wirft es mir Falten.[35] Setze mir den Punkt, wo ich anhalten soll.« Gefunden ist, Chrysipp[36], der, welcher deinen Haufenschluss[37] beendet!

VITA AULIS PERSI FLACCI DE COMMENTARIO PROBI VALERII SUBLATA

(1) Aules Persius Flaccus natus est pridie Non. Dec. Fabio Persico L. Vitellio coss., decessit VIII Kal. Dec. P. Mario Afinio Gallo coss.

(2) natus in Etruria Volaterris, eques Romanus, sanguine et affinitate primi ordinis viris coniunctus, decessit ad VIII miliarium via Appia in praediis suis.

(3) pater eius Flaccus pupillum reliquit moriens annorum fere VI. Fulvia Sisennia mater nupsit postea Fusio equiti Romano et eum quoque extulit intra paucos annos.

(4) studuit Flaccus usque ad annum XII aetatis suae Volaterris, inde Romae apud grammaticum Remmium Palaemonem et apud rhetorem Verginium Flauum. cum esset annorum XVI, amicitia coepit uti Annaei Cornuti, ita ut nusquam ab eo discederet, ⟨et⟩ inductus aliquatenus in philosophiam est.

(5) amicos habuit a prima adulescentia Caesium Bassum poetam et Calpurnium Staturam, qui vivo eo iuvenis decessit. coluit ut patrem Servilium Nonianum. cognovit per Cornutum etiam Annaeum Lucanum, aequaevum auditorem Cornuti. nam Cornutus illo tempore criticicus fuit sectae Porticus, qui libros philosophiae reliquit. sed Lucanus mirabatur adeo scripta Flacci, ut vix se retineret, recitante eo, ⟨a⟩ clamore: quae ille faceret, ipsa esse vera poemata, sua ludos. sero cognovit et Senecam, sed non ut caperetur eius

LEBEN DES AULES PERSIUS FLACCUS AUS DEM KOMMENTAR DES PROBUS VALERIUS

(1) Aules Persius Flaccus wurde am Tag vor den Nonen[1] des Dezembers unter dem Konsulat des Fabius Persicus und des L. Vitellius [= 4. Dezember 34 v. Chr.] geboren; er schied dahin am achten Tag vor den Kalenden[2] des Dezembers unter dem Konsulat des P. Marius und des Afinius Gallus [24. November 62 v. Chr.].

(2) Geboren in Etrurien in Volaterrae[3] als römischer Ritter, und durch Blutsverwandtschaft und Verschwägerung mit Männern ersten Ranges verbunden, schied er beim achten Meilenstein an der Via Appia[4] auf seinem Landgut dahin.

(3) Sein Vater Flaccus hinterließ, als er starb, den Knaben im Alter von etwa sechs Jahren. Seine Mutter Fulvia Sisennia heiratete später Fusius, einen römischen Ritter, und bestattete auch ihn innerhalb weniger Jahre.

(4) Wissen erwarb Flaccus bis zu seinem zwölften Lebensjahr in Volaterrae, dann in Rom bei dem Philologen Remmius Palaemon[5] und dem Rhetor Verginius Flavus[6]. Als er 16 Jahre alt war, begann er ein Freundschaftsverhältnis zu Annaeus Cornutus[7] in der Weise, dass er nirgendwo von dessen Seite wich, und er wurde bis zu einem gewissen Grade in die Philosophie eingeführt.

(5) Zu Freunden hatte er von frühester Jugend an den Dichter Caesius Bassus[8] und Calpurnius Statura, der noch zu seinen Lebzeiten als junger Mann dahinschied. Er verehrte wie einen Vater Servilius Nonianus[9]. Er lernte durch Cornutus auch Annaeus Lucanus[10] kennen, einen gleichaltrigen Hörer des Cornutus. Denn Cornutus war zu jener Zeit ein Kritiker der Schule der Säulenhalle[11], der die Bücher der Philosophie zurückstellte. Aber Lucanus bewunderte so sehr die Schriften des Flaccus, dass er sich, als dieser daraus vortrug, kaum des Ausrufs enthalten konnte, was jener mache, genau das seien wahre Dichtungen, seine nur Spielereien. Spät lernte er auch Seneca[12] kennen, aber ohne von dessen Talent

ingenio. usus est apud Cornutum duorum convictu doctissimorum et sanctissimorum virorum acriter tunc philosophantium, Claudi Agathurni medici Lacedaemonii et Petroni Aristocratis Magnetis, quos unice miratus est et aemulatus, cum aequales essent, minor ipse. idem decem fere annis summe dilectus a Paeto Thrasea est, ita ut peregrinaretur quoque cum eo aliquando, cognatam eius Arriam uxorem habente.

(6) fuit morum lenissimorum, verecundiae virginalis, formae pulchrae, pietatis erga matrem et sororem et amitam exemplo sufficientis. fuit frugi, pudicus.

(7) reliquit circa HS vicies matri et sorori. scriptis tantum ad matrem codicillis Cornuto rogavit ut daret HS XX, ut quidam, C, ut alii volunt, et argenti facti pondo viginti et libros circa septingentos Chrysippi sive bibliothecam suam omnem. verum Cornutus sublatis libris pecuniam sorori eius [quas heredes frater fecerat] reliquit.

(8) scriptitavit et raro et tarde; hunc ipsum librum imperfectum reliquit. versus aliqui dempti sunt ultimo libro, ut quasi finitus esset, leviter contraxit Cornutus et Caesio Basso petenti, ut ipsi cederet, tradidit edendum. scripserat in pueritia Flaccus etiam praetextam Vescio et Odoeporicon librum unum et paucos in socrum Thraseae [in Arriam matrem] versus, quae se ante virum occiderat. omnia ea auctor fuit Cornutus matri eius ut aboleret. editum librum continuo mirari homines et diripere coeperunt.

(9) decessit autem vitio stomachi anno aetatis XXX.

eingenommen zu sein. Er hatte bei Cornutus Nutzen von dem Umgang mit zwei sehr gelehrten und sehr tugendhaften Männern, die damals leidenschaftlich philosophierten, dem lakedaimonischen Arzt Claudius Agathurnus und Petronius Aristokrates aus Magnesia, die er außerordentlich bewunderte und denen er nacheiferte, da sie seine Altersgenossen waren, er selbst aber jünger war. Er auch wurde fast zehn Jahre lang innig von Paetus Thrasea[13] geliebt, so dass dieser auch irgendwann einmal mit ihm auf eine Reise ging, und dieser hatte dessen Verwandte Arria[14] zur Frau.

(6) Er war von sehr sanftem Charakter, jungfräulicher Schamhaftigkeit, einer schönen Gestalt und einer beispielhaften Zuneigung zu seiner Mutter, Schwester und Tante. Er war genügsam und sittsam.

(7) Er hinterließ etwa zwei Millionen Sesterze seiner Mutter und seiner Schwester. In dem nur an seine Mutter gerichteten Testament bat er sie, dass sie Cornutus 20.000 gebe, wie einige behaupten, 100.000, wie andere wissen wollen, dazu zwanzig Pfund getriebenen Silbers und etwa 700 Bücher Chrysipps[15] oder seine gesamte Bibliothek. Doch Cornutus nahm nur die Bücher und überließ das Geld dessen Schwester.

(8) Er schrieb sowohl selten als auch langsam. Dieses Buch hier hinterließ er unvollendet. Einige Verse sind vom Ende des Buches weggenommen, damit es so aussähe, als wäre es vollendet. Cornutus kürzte es leicht und übergab es dem Caesius Bassusa, der ihn bat, dass er es ihm überlasse, zur Herausgabe. Flaccus hatte im Knabenalter auch eine Praetexta[16] *Vescio* und *Hodoeporicon* in einem Buch geschrieben und wenige Verse auf die Schwiegermutter des Paetus[17], die sich vor ihrem Mann umgebracht hatte. Cornutus veranlasste dessen Mutter, alles zu vernichten. Das herausgegebene Buch begannen die Leute sofort zu bewundern und sich darum zu reißen.

(9) Er verschied aber an einem Magenleiden im dreißigsten Lebensjahr.[18]

(10) sed mox ut a schola magistrisque divertit, lecto Lucili libro decimo vehementer saturas componere instituit. cuius libri principium imitatus est, sibi primo, mox omnibus detrectaturus cum tanta recentium poetarum et oratorum insectatione, ut etiam Neronem illius temporis principem inculpaverit. cuius versus in Neronem cum ita se haberet: 'auriculas asini Mida rex habet', in eum modum a Cornuto, ipse tantummodo, est emendatus: 'auriculas asini quis non habet?' ne hoc in se Nero dictum arbitraretur.

(10) Aber bald nachdem er von der Schule und den Lehrern losgekommen war, las er das zehnte Buch des Lucilius[19] und fing an, leidenschaftlich Satiren zu verfassen. Den Anfang dieses Buches ahmte er nach mit der Absicht, zuerst sich selbst, dann alle herunterzumachen, und das mit so starkem verbalen Angriffen gegen moderne Dichter und Redner, dass er sogar Nero, den Princeps zu jener Zeit, attackierte. Weil ein Vers davon gegen Nero so lautete: »Eselsohren hat König Midas«, wurde er von Cornutus, nur dieser selbst, auf folgende Weise geändert: »Wer hat keine Eselsohren?«, damit Nero nicht glaubte, dies sei gegen ihn gesagt.

ANHANG

ZUM TEXT DIESER AUSGABE

Dem Text der vorliegenden Ausgabe liegt diejenige von W. Kißel zugrunde: A. Persius Flaccus. Saturarum liber, Berlin/New York 2007 (Bibliotheca Scriptorum Graecorum et Latinorum Teubneriana). In der nachstehenden Liste der von dieser Edition abweichenden Lesarten habe ich nur Angaben zu denjenigen gemacht, die nicht in Kißels textkritischem Apparat aufgeführt sind.

	Kißel	diese Ausgabe
		Satiren
1,19	*hic*	*tunc*
1,23	*articulis*	*auriculis*
1,30	*pendas*	*pendes*
1,60	*tentae*	*tantae*
1,64	*demum fluere* (offensichtlich Druckfehler)	*demum numero fluere*
1,65	*'scit*	*"scit*
1,68	*poetae.'*	*poetae."*
1,93	*claudere*	*cludere*
1,96	*arma virum*	*"arma virum"*
2,2	*apponit*	*apponet*
2,15	*poscat … mergit*	*poscas … mergis*
2,16	*purgat*	*purgas*
3,34	*rursum*	*rursus*
3,78	*quod satis est, sapio mihi*	*quod sapio, satis est mihi*
4,36	*bulbos*	*vulvas*
4,37	*tunc, cum*	*tum, cum*
5,21	*secreti*	*secrete*
5,90	*Masuri rubrica vetabit*	*vetuit rubrica* Masuri Trappes-Lomax
5,117	*sub pectore*	*in pectore*
5,131	*scutica et*	*scuticae* Morgan
6,52	*est.'*	*est?'* Lucarini

Vita

§ 3	*eum*	*eius* φ
§ 5	*tragicus*	*criticus* Most
	Stoicae	*Porticus* Most
	illa esse vera poemata, quae ipse suo ludo faceret	*quae ille faceret, ipsa esse vera poemata, sua ludos* Leo, Lucarini
	essent Cornuti, minor	*essent, minor* Lucarini
§ 6	*famae*	*formae*
§ 8	†*vescio*†	*Vescio* Mazzarino
	†*opericon*†	ὁδοιπορικῶν Pithou
	paucos [*sororum Thraseae*] *in Arriam matrem*	*paucos in socrum Thraseae* [*in Arriam matrem*] Casaubon, Jahn, Stachon

ERLÄUTERUNGEN

Prolog

Der *poeta* – so im Folgenden für die Persona des Persius – schickt seinen in Hexametern verfassten Satiren eine Vorrede in Hinkjamben voraus; sie haben folgendes metrisches Schema:

⏒ — ⏑ — ⏑ — ⏒ — ⏑ — ⏑ — — ⏒

Selbstironisch stellt der *poeta* sich als nicht von den Musen inspiriert und wenig talentiert vor (1–7), polemisiert aber dann gegen epigonale und plagiierende Poeten, die sich aus Geldgier in der Dichtkunst versuchen (8–12).

1 Spöttisch-distanzierte wörtliche Wiedergabe von ›Hippokrene‹ (griech. ›Pferdequelle‹), dem Namen der heiligen Quelle wenig unterhalb des Berges Helikon in Böotien, der als einer der Aufenthaltsorte der Musen galt. Wer daraus trank, war zum Dichter geweiht. Der Name der Quelle erklärt sich daher, dass man erzählte, sie sei durch den Hufschlag des Dichterrosses Pegasos entstanden.

2 Das Adjektiv, auch synonym verwendet, steht zusammen mit seinen griechischen Entsprechungen in einer poetischen Tradition, die der Realität nicht entspricht, ist also ein Epitheton ornans (›schmückendes, d. h. stehendes Beiwort‹): Der Gebirgszug in Mittelgriechenland, an dessen Fuß Delphi liegt, hat mehrere Erhebungen, deren höchste 2455 Meter aufragt. Auch er galt als ein Sitz der Musen.

3 Die Persona im Prolog des Kallimachos (ca. 320 – nach 245 v. Chr.) zu seinen (nur fragmentarisch überlieferten) *Aitia* (›Ursprungsmythen‹), die des Ennius (239–169 v. Chr.) im Prolog zu seinen (ebenfalls nur fragmentarisch überlieferten) *Annalen* und diejenige des Properz (ca. 47 – nach 16 v. Chr.) in Elegie 3,3 träumt von einer Dichterweihe auf dem Helikon. Auf den Parnass dagegen dürfte sich im Traum ein uns unbekannter Epigone zur Zeit des Persius versetzt haben; der *poeta* deutet hier und vermutlich auch mit *illis …, quorum* in V. 5 (vgl. Anm. 6) auf seine Polemik gegen ›Dichterlinge‹ wie dieser voraus.

4 Die Musen (vgl. Prolog Anm. 1).

5 Pirene (griech. Peirene), eine Nymphe, wird, weil sie aus Trauer über die ungewollte Tötung ihres Sohnes Kenchrias durch Artemis in Tränen zerfließt, zu der gleichnamigen Quelle in Korinth, an der Bellerophontes Pegasos (zu Prolog 1)

gefangen haben soll. Wiederum Epitheton ornans (zu Prolog 2) ist ›bleich‹, das sich auf das traurige Gesicht der Nymphe beziehen dürfte.

6 D. h. den ›echten‹ (was ironisch gemeint sein dürfte) Dichtern. Solche ehrte man durch *Bildnisse*, d. h. Statuen oder Büsten, die in öffentlichen Bibliotheken aufgestellt wurden, und durch Bekränzung dieser bildlichen Darstellung mit *Efeu*, der als immergrüne Pflanze wie der Lorbeer die ›Ewigkeit‹ der Poesie symbolisierte.

7 D. h. sich schnell ausbreitend.

8 Der *poeta* bezeichnet sich selbstironisch als einen halbgebildeten und in diesem Sinne ›halbbäurischen‹ Mann, der kein *vates* (›Prophet; göttlicher Sänger‹) ist. Ein solcher galt als Vermittler zwischen Göttern und Menschen, also als weise (*poeta doctus*, s. Einl. S. 16 und S. 24).

9 Papageien konnten *chaîre!* krächzen, das bei der Begrüßung verwendete griechische Wort (›freu dich! > sei gegrüßt!‹). Hier ist dafür das lateinische Begrüßungswort (›⟨Ihr/Dein⟩ Diener‹; vgl. *Ciao!* < *schiavo* ›Sklave‹)

10 Gemeint dürfte sein: Die vom speisebedürftigen Bauch ausgehende Fressgier treibt die zur Imitation fähigen Vögel dazu, sich um die Artikulation der ihnen von der Natur nicht gegebenen menschlichen Worte zu bemühen. Metaphorisch zielt das auf Menschen, die aus Habgier dichten, dabei aber nur wie Papagei und Elster imitieren können, also Epigonen oder Plagiatoren sind.

11 D. h. auf Geld, das in Versuchung führt, aber »Münze« passt gut zu Rabenvögeln, die sich davon anlocken lassen.

12 D. h., sie sängen/dichteten so, als würde ihnen Nektar, der Göttertrank, pegaseïsch (zu Prolog 1), also in anspruchsvoller poetischer Diktion, von den Lippen strömen.

Satire 1

Zu einem namenlosen Dialogpartner sagt der *poeta*, er könne nur wenig Leser erwarten, gebe aber nichts darauf, da auf den Geschmack des Publikums in Rom kein Verlass sei. Ohnehin könne er über das Treiben der Menschen nur lauthals lachen (1–12). In seiner anschließenden Schilderung der zeitgenössischen Literaturszene karikiert er Rezitatoren als solche, die ihr Publikum erotisch stimulieren würden und denen Popularität und Nachruhm als Lohn für das Bemühen, ein *poeta doctus* zu sein, wichtig sei (13–43). Der *poeta* hat nichts gegen Lob seiner Dichtung einzuwenden, schätzt es aber gering, weil Objektivität nicht gewährleistet sei, z. B. gegenüber einem dichtenden Reichen, der seinen ›Kritiker‹ bewirtet. Will ein solcher die Wahrheit hören? Er merke nicht einmal, dass hinter seinem Rücken über ihn gespottet wird (44–62).

In der zeitgenössischen Dichtung würden heterogene Gattungs- und Stilelemente vermischt (63–82). Vor Gericht sei einem Angeklagten Redeschmuck wichtig, aber der *poeta* lasse sich nur durch die Wahrheit beeindrucken (83–91). Es folgen Beispiele für zeitgenössische Versschlüsse und ganze Verse, die der Dialogpartner als formschön empfindet, der *poeta* dagegen als kraftlos und effeminiert (92–106). Dass das Aussprechen von Wahrheiten wie dieser ihm gesellschaftlich schaden könnte, ist dem *poeta* gleich. Er stellt sich damit in die Tradition der Satiriker Lucilius und Horaz und wünscht sich Leser, welche die Alte Komödie schätzen, nicht solche, die Freude an primitivem Spott haben (107–134).

1 Wahrscheinlich Zitat eines Hexameters des (nur fragmentarisch überlieferten) C. Lucilius (s. Anm. 67).

2 Bei dem größten Helden des griechisch-römischen Mythos, der nach Vollendung seiner zwölf Taten unter die Götter aufgenommen wurde, schwor man häufig.

3 Im Lateinischen ist vor *ne*, das nach Verben des Fürchtens ›dass‹ heißt, *times* oder etwas Ähnliches zu ergänzen.

4 Gemeint: dass das römische Publikum einen schlechten Dichter wie Labeo – er soll Homers *Ilias* und *Odyssee* ungeschickt übersetzt haben – höher einschätzt als den *poeta*. Hier wird *Ilias* 22,100 und 105 evoziert: »Wird Polydamas mich als erster tadeln ...?« und »Ich schäme mich vor den Troern und den schleppgewandigen Troerinnen«. Da die Römer sich von den Trojanern herleiteten, können diese für sie stehen, und das verbindet Persius mit der witzigen Vorstellung, dass die vom Trojanischen Krieg Betroffenen (Polydamas ist Hektors Bruder) eine lateinische Übersetzung des homerischen Troja-Epos lesen.

5 Für das Beurteilen von Literatur wird hier die schon von Aristophanes, *Frösche* 1364ff. verwendete Metapher ›auf die Waage legen‹ gebraucht: Dem Gesprächspartner suggeriert der *poeta*, dass er doch wohl die Volksmeinung über Poesie, wenn sie von unangemessenen Kriterien ausgeht, nicht so ernst nehmen wird wie jemand, der eine falsch justierte Waage korrigiert, und dass er bei seinem Urteil sich an seinen eigenen Maßstab halten soll.

6 Aus V. 121 ergibt sich, wie die angefangene Frage zu ergänzen ist: »Denn wer in Rom hätte nicht Eselsohren?« Schon das auf *quis non* – folgende *a, si* gibt einen Hinweis, da man es zu *asi⟨ni aures⟩* ergänzen kann (vgl. Freudenburg 2001 [s. S. 131], 158.

7 D. h. die alten Männer.

8 Als häufig verwendetes Kinderspielzeug stehen sie für die Kindheit.

9 Der Bruder des Vaters stand für strenge Moral.

10 Von diesem Organ wurde, wie die antike Medizin glaubte, das Lachen hervorgebracht.

11 D. h. einsam im Studierzimmer oder in freier Natur.

12 D. h., er schreibt Prosa.

13 Doppeldeutig, da *anima* wie *spiritus* auch für den ›großen Atem‹ der poetischen Inspiration stehen kann. Hinzu kommt die obszöne Konnotation von »(hervor)keucht«, die auf das Folgende vorausweist.

14 Kostbarer Edelstein, der sonst nur am Geburtstag getragen wird.

15 D. h. vor Aufregung, mit Lampenfieber.

16 Das Verb *patrare* (›erreichen‹) hat auch die spezielle vulgäre Bedeutung ›es, d. h. den Höhepunkt beim Sex erreichen‹. Augen ›ejakulieren‹ hier die Tränen, die dem aufgeregten Rezitator kommen.

17 Die Römer als Nachkommen des Titus Tatius, des (mythischen) zweiten Königs neben dem Stadtgründer Romulus, die man sich beide wie auch ihr Volk sehr groß gewachsen vorstellte, und zugleich große ›Schwänze‹, die von den vorgetragenen Versen sexuell erregt werden. Das »eindringende« Gedicht kann auch die Vorstellung von analer Penetration der Titi erzeugen, zumal es vorher in V. 14 als »etwas Großes« bezeichnet wurde, und entsprechend witzig-überraschend folgt auf »gerieben wird vom zuckenden« das Wort »Vers«.

18 So die plausible Interpretation der umstrittenen Stelle durch Korenjak 1998 (s. S. 133), die Verprügeln des Rezitators durch die verärgerten Zuhörer voraussetzt. Mitlesen darf man die von Freudenburg 2001 (s. S. 131), 172 wiederum vorausgesetzte obszöne Konnotation, die von dem durch *auriculus* evozierten Wort *culus* (›Arschloch‹) ausgeht und *cute perditus* als ›nachdem deine (Penis-)Haut abgenutzt ist‹ suggeriert.

19 Wissenserwerb ist Voraussetzung für den *poeta doctus*, lohne sich nach Meinung des Dialogpartners aber nur, wenn die dadurch ermöglichte Dichtung öffentlich vorgetragen werden kann.

20 Für das Entstehen des Gedichts im Inneren des Autors – die Leber galt als Sitz der Affekte, speziell des Sexualtriebs – stehen der anschwellende Sauerteig und der wilde Feigenbaum, dessen in eine Steinritze gefallenes Samenkorn beim Keimen den Stein aufbrechen konnte. Offenbar soll auch eine Erektion assoziiert werden.

21 Beides als Ergebnis von vielem Studieren, das nötig ist, wenn man *poeta doctus* werden will.

22 D. h. als von Schülern gelesener Autor

23 Kleidung, abgeschmackte (›ranzige‹) Thematik und affektierte Sprechweise eines »zarten Gaumens« (35) charakterisieren den Rezitator als effeminiert.

24 Die beiden mythischen Königinnen werden von ihren Liebhabern verlassen, Phyllis so verzweifelt, dass sie sich erhängt, Hypsipyle schwanger.

25 D. h., er lässt sie ›stolpern‹, wodurch sie verzerrt und schwer verständlich werden.

26 Der Dialogpartner des *poeta*.

27 D. h. es zu verdienen, dass er nach dem Tod im Mund der Leute weiterlebt.

28 D. h. etwas, das es verdient, auf einem Papyrus festgehalten zu werden, der zur Konservierung mit Zedernöl bestrichen wurde.

29 Papyrusblätter, auf denen keine für die Ewigkeit bestimmten Texte geschrieben waren, dienten als Einwickelpapier.

30 D. h., das kommt selten vor.

31 Gemeint: »Ich bin nicht hartherzig«. Die Leber hielt man in der Antike wie das Herz für einen Sitz der Gefühle (vgl. Anm. 20).

32 Das für mehrere Therapien verwendete Heilmittel – vor allem gegen Verrücktheit half es angeblich – nahmen auch Leute ein, die einen klaren Kopf haben wollten. Die *Ilias* des Attius – gemeint ist vermutlich der in V. 4 genannte Übersetzer des Epos Attius Labeo – hatte also laut Persius nichts von dem, was sonst in einen Rausch versetzt: poetische Inspiration.

33 Das Holz der *citrus*, einer Zypressenart, konnten sich nur Reiche leisten, die, wie V. 53bff. schildert, während eines Gastmahls als Dichter dilettierten und auf das Lob ihrer Gäste hofften.

34 Der mit seinem doppelten Gesicht vorwärts und rückwärts blickende Gott kann im Gegensatz zu dem reichen Gastgeber nicht von hinten verspottet werden; wie das geschehen könnte, zeigen drei Beispiele: 1. durch die nach dem seinen Hals auf und ab bewegenden Storch (*ciconia*) genannte Spottgeste, hier, indem wieder eine Metapher eigentlich gemacht wird (s. Einf. S. 13ff.), durch einen ›echten‹ Storch ausgeführt; 2. durch Nachahmen von Eselsohren mit den Händen; 3. durch Ausstrecken der Zunge (da es in Apulien besonders heiß sein kann, sind Hunde dort auch besonders durstig und strecken die Zunge besonders weit aus).

35 Zu ergänzen: über die Dichtung der Gegenwart. Zu ihr geht der *poeta*, der bisher vom zeitgenössischen Dichter geredet hat, im zweiten Teil der Satire über.

36 Da *iunctura* primär für die glatte Verfugung einer Marmorverkleidung und nur übertragen für die glatte Verfugung von Wörtern im Vers steht, nimmt Persius die Metapher erneut beim Wort und spielt auf die an Marmor vorgenommene Nagelprobe an.

37 Gemeint ist der moderne Dichter, und es spricht einer von den »Leuten«.

38 »Gespannt« wie die Richtschnur des antiken Zimmermanns wird ein Vers insofern, als der Dichter ihn als geradlinige Zeile konstruiert.

39 Der ›große Atem‹ der formalen Gestaltung dürfte gemeint sein.

40 D. h. epische Stoffe zu bearbeiten.

41 D. h. ›kleine‹ Poesie zu verfassen; s. Einf. S. 23. Beispiele für ›Kleinkunst‹, wie die kritisierten Dichter sie in ihre Epik einbringen, ohne die Darstellung der ›großen‹ Gattung anzupassen, enthält V. 72.

42 Das Fest der Hirtengöttin Pales am 21. April, dem Tag der Gründung Roms (heute noch Nationalfeiertag in Italien), an dem Hirten und Herden über brennendes Heu und Stroh zu springen pflegten.

43 Der Zwillingsbruder des mythischen Romgründers Romulus.

44 L. Quinctius Cincinnatus, wahrscheinlich eine mythische Gestalt, in der die Römer aber einen Helden ihrer Frühgeschichte sahen: Bei Livius z. B. (3,26,7–12) wird er durch eine Abordnung des Senats von der Feldarbeit weggeholt und zum Diktator ernannt, damit er gegen die Volsker Krieg führt.

45 Im Original wird »Quintus« im zweiten Teil des mit *quem* beginnenden Relativsatzes angeredet, aber im Deutschen kann *tua aratra* (»deinen Pflug«) nicht wörtlich wiedergegeben werden.

46 Accius (170 – ca. 80 v. Chr.) verfasste seine Tragödien wie alle seine Kollegen zu Ehren des Dionysos/Bacchus, auf dessen Beinamen Brisaios Persius hier zurückgreift. Gemeint sein könnten hier Accius' (verlorene) *Bacchae* (›Bacchantinnen‹).

47 Der Tragödiendichter Pacuvius (220 – vor 130 v. Chr.) verfasste u. a. ein Stück *Antiopa* in dem für ihn typischen »warzenreichen«, d. h. stilistisch stellenweise unschönen Stil; diesen parodiert Persius in V. 78.

48 Die Vermischung von archaischem Latein, wie es in den Tragödien der republikanischen Zeit verwendet wird, mit dem der Gegenwart des Persius.

49 Angehörige der Jeunesse dorée Roms, welche die Archaismen schick finden.

50 Obwohl mit einer schwerwiegenden Anklage konfrontiert, ist dem Apostrophierten, der offenbar mit Pedius in V. 85 identisch ist, rhetorisches Ausschmücken seiner Verteidigungsrede so wichtig, dass er sogar eine mäßige Würdigung seiner Rede in Kauf nimmt.

51 Ob der in Tac. *Ann.* 14,18,1 genannte Pedius Blaesus gemeint ist, der 59 n. Chr. u. a. wegen Tempelraubs aus dem Senat ausgeschlossen wurde, scheint mir fraglich. Denn näher liegt, dass der Name Pedius, den Horaz *Sat.* 1,10,28 für einen Anwalt verwendet, wegen des Wortspiels mit *(nil) pudet* gewählt wurde.

52 Der Name des Stadtgründers steht für einen Römer, hier Pedius, der auf sein Publikum zu wirken versucht, indem er die Bewegung macht, mit der Männer und Knaben, die den passiven Part in einer mann-männlichen Beziehung übernehmen, Liebhaber anlocken.

53 Auf diese Art bettelten verarmte Schiffbrüchige. Das Geld, das ein solcher bekommen kann, ist hier durch ein As bezeichnet, eine Münze mit geringem Wert.

54 Etwa einen fingierten Schiffsbruch.

55 Der Versschluss hat mit den beiden griechischen Namen und wegen des fünfsilbigen Wortes vor dem letzten einen besonderen Klang. Attis entmannt sich und wird Gefolgsmann der berekyntischen (= phrygischen) Kybele.

56 Klanglich bemerkenswert ist auch dieser Vers, dem im Zitat nur die erste Silbe fehlt. Der Meergott Nereus steht metonymisch für ›Meer‹.

57 Auffallend ist hier das spondeische Hexameterende (– – – ×). Appenninus (Apennin) ist das sich über ganz Italien hinziehende Gebirge, der Vers, dem wieder die erste Silbe fehlt, ansonsten ohne Kontext unverständlich.

58 *Arma* und *virum(que)* sind die ersten Wörter der *Aeneis* Vergils und konnten als ›Titel‹ das Werk bezeichnen. Der Stil dieses (klassischen) Epos wird hier von dem Dialogpartner als ›leichtgewichtig‹ und ästhetisch unfein gegenüber dem Schwergewicht und der Eleganz, den die zeitgenössische Poesie aufweise, abqualifiziert.

59 Die vier Verse bestehen aus Versatzstücken, die Werken verschiedener Dichter – Catull und Ovid dominieren – und wohl auch verlorenen Dichtungen entnommen sind: Persius parodiert damit die zeitgenössische »große« Poesie. Hier wird eine von Bacchantinnen, auch Mimallonen und Mänaden genannt, veranstaltete Orgie zu Ehren des Weingottes geschildert, bei der die Frauen »Euhion!« rufen und oboenartige Flöten, in V. 1 »Hörner« genannt, ertönen.

60 D. h. ein Funke der Manneskraft unserer Väter.

61 In verschiedenen Bildern werden die ›zitierten‹ Verse als Produkte der Oberflächlichkeit, Weichlichkeit (für welche die Feuchtigkeit steht) und mangelnder Arbeitskraft ihres Autors abqualifiziert.

62 Die Kälte der Distanzierung, die dem satirischen Dichter von den Mächtigen entgegenschlägt, wird hier auf deren Türschwellen übertragen; sie stehen auch für die allmorgendliche Situation, in der sich der Klient befindet, wenn er seinem Patron seine Aufwartung durch die *salutatio* (›Begrüßung‹) macht.

63 Das r wird *littera canina* genannt, weil es aus dem Knurren eines Hundes herauszuhören ist. Hier steht die Vorstellung im Hintergrund, dass der Klient durch einen Wachhund von der Schwelle des Patrons vertrieben wird.

64 D. h., mögen alle eine weiße Weste haben, moralisch integer sein.

65 Mit der Metaphorik, zu der unser ›mit Schmutz bewerfen‹ gehört, lässt der *poeta* sich von seinem Dialogpartner auf die Satire als Invektive gegen Personen festlegen und erwidert nun darauf mit der passenden Bildersprache.

66 Vor Entweihung von Heiligtümern warnte eine apotropäische Inschrift, neben der z. B. zwei Schlangen abgebildet sein konnten. Der *poeta* macht sich über die Vorstellung lustig, dass die Mächtigen vor Invektiven durch ihre ›Heiligkeit‹ geschützt seien.

67 C. Lucilius (158?–103/102 v. Chr.), Verfasser von Satiren in 30 Büchern, die nur bruchstückhaft überliefert sind, und Begründer der Gattung Verssatire. Zu den Opfern seiner Invektiven gehörten die Senatoren C. Cornelius Lentulus und Q. Mucius Scaevola, politische Gegner seines Förderers und Freundes Scipio Aemilianus.

68 Horaz (Q. Horatius Flaccus, 65–8 v. Chr.), der Satiren in zwei Büchern verfasste. Er schrieb außerdem ein Buch *Epoden*, vier Bücher *Oden*, das *Carmen saeculare* (›Jahrhundertlied‹) und zwei Bücher *Episteln*, zu denen die *Ars poetica* (›Dichtkunst‹) gehört.

69 D. h., er darf dem Freund ins Herz sehen und dessen Leidenschaften erkennen.

70 D. h. sie zu verspotten.

71 Anspielung auf den Mythos von Midas, der, von Apollo bestraft, Eselsohren hat und dessen Barbier seine exklusive Bekanntschaft mit der Schande vorsichtshalber nur einem Erdloch anvertraut. Dieses aber verrät durch das aus ihm herauswachsende und im Wind säuselnde Schilf allen das Geheimnis. Für den *poeta* ist sein Gedichtbuch das Erdloch, aber »mit« ihm behält er sein Geheimnis nicht, d. h., wie dieses gibt er es durch die Niederschrift in seinem Satirenbuch preis.

72 Zu der Ablehnung epischer Stoffe durch den *poeta* s. Einf. S. 22f.

73 Kratinos (ca. 485 – nach 421 v. Chr.), Eupolis (ca. 455 – nach 412 v. Chr.) und Aristophanes (ca. 450 – nach 385 v. Chr.) – ihn bezeichnet der *poeta* in Ehrfurcht vor ihm als einem ehrwürdigen Klassiker der alten Zeit als »übergrandiosen Alten« – sind die drei wichtigsten Vertreter der attischen Alten Komödie. Sie verbinden Personenspott mit Lachen über menschliche Schwächen und werden diesbezüglich schon von Horaz (*Sat.* 1,4,1–5) als Vorläufer der römischen Satire angesehen.

74 Hier ist an Wein zu denken, der, wenn er abgekocht wird, stärker wirkt. Entsprechend ist gemeint, dass die Dichtung des *poeta* Satire in konzentrierter Aussage bietet, sie mithin sehr gezielt auf die satirisch bloßzustellende moralische Schwächen ausrichtet und sie so als besonders ›starkes Gebräu‹ darbietet.

75 D. h. sich für die genannten Komödiendichter erwärmt hat, durch sie für Satire ›heiß gemacht‹ worden ist.

76 Gemeint ist Xenophobie gegenüber den Griechen, die bereits durch die für die Hellenen typischen, aber auf Römer fremdartig wirkenden Sandalen ausgelöst werden konnte.

77 Römischer Beamter, zu dessen Ressorts die Marktaufsicht gehörte, hier als Beispiel für Überheblichkeit aufgrund von Machtbefugnis gewählt.

78 Heute Arezzo.

79 Indem er Mathematiker, die auf ihrer mit Sand bestreuten Tafel geometrische Figuren zeichnen oder arithmetische Berechnungen anstellen, nicht ernst nimmt, erweist er sich als ungebildet.

80 Als Vertreter der im 4. Jh. v. Chr. begründeten philosophischen Lehre, die u. a. Bedürfnislosigkeit fordert, war ein solcher allein schon durch seine schäbige Kleidung dem Spott ausgesetzt. In *nonaria* steckt offensichtlich *nona* für die neunte Stunde, der in etwa drei Uhr am Nachmittag entspricht.

81 Mit dem Edikt dürfte das eines Prätors gemeint sein, zu dessen Trockenheit offensichtlich um die Mitte des 1. Jahrhunderts n. Chr. verfasste Roman *Kallirhoe* des Chariton von Aphrodisias in Kontrast gesetzt wird. Bei dem Namen (griech. für ›Schönfließ‹) darf man freilich zugleich an eine zur Siesta bestellte Prostituierte denken, bei der es ›schön fließt‹.

Satire 2

Während der an seinem Geburtstag angesprochene Macrinus ohne Gewinnstreben betet, heuchelt der Habgierige das nur, wünscht sich aber im Stillen Geld, kann Jupiter damit freilich nicht täuschen (1–30). Auf die höchsten Güter gerichtete Wünsche für ein Kleinkind, die eine Großmutter oder Tante mit einem magischen Ritual verbinden, soll Jupiter nicht erfüllen (31–40). Einer macht die Erfüllung seines Gebets um Körperkraft durch Völlerei mit Opferfleisch unmöglich, ein anderer, indem er es mit dem Schlachten von Stieren übertreibt, wodurch er dann sein ganzes Vermögen verliert (41–51). Eine Diatribe gegen die geld- und luxusgierige Gewaltanwendung des Menschen gegenüber der Natur mündet in die Frage, was Gold in einem Tempel nütze. Der *poeta* dagegen gebe den Göttern Reinheit des Herzens und opfere ihnen nur Speltmehl (52–75).

1 Über ihn ist nichts bekannt. Die Information des Scholions über ihn ist, abgesehen von der Nennung des Namens Servilius, der aus der Persius-Vita (s. S. 93) stammen dürfte, nicht mehr als das, was sich auch dem Text entnehmen lässt.

2 Anspielung auf die von den Thrakern übernommene Sitte, für jeden guten Tag – hier ist es der Geburtstag des Adressaten – einen weißen (»besseren«) Stein und für jeden schlechten einen schwarzen Stein in eine Urne zu legen und am Ende des Jahres daraus abzulesen, wie es verlaufen ist.

3 Der Genius ist der persönliche Schutzgott, hier speziell der gute Geist des Geburtstags, an dem ihm Gaben gespendet werden.

4 Enallage für ›schweigend aus einem …‹

5 In der Antike pflegte man laut zu beten.

6 Der Habgierige.

7 Herkules ist wie Merkur der Gott des Gewinnes.

8 Grundlage für den Wunsch ist offensichtlich, dass dem gedachten Sprecher testamentarisch ein allein erbender Knabe zur Vormundschaft anvertraut wurde, der im Falle von dessen Tod aus dem Testament zu streichen wäre.

9 Weder der Hautausschlag noch die von der antiken Medizin als Ursache für verschiedene Krankheiten verantwortlich gemachte ›schwarze Galle‹ machen den

Knaben moribund, weshalb dieser Wunsch die Habgier des Sprechers besonders deutlich macht.

10 Verweis darauf, dass jemand anders es ja auch erreicht habe, aufgrund eines Todesfalls zu erben, hier nach dem Ableben der dritten Ehefrau.

11 Die Nacht galt wegen des Träumens, sexueller Aktivität und des Schlafens überhaupt als etwas religiös Befleckendes, weshalb man sich rituell von ihr reinigte.

12 Vielleicht soll der Leser an C. Aelius Paetus Staienus denken, der laut Ciceros *Rede für Cluentius* Geld veruntreute, mit dem er ein Gericht im Interesse seines Mündels bestechen sollte, und später als Richter in einem Mordprozess die für ihn und die Mitrichter bestimmten Bestechungsgelder des Angeklagten unterschlug.

13 Ein vom Blitz tödlich Getroffener wurde gemäß altem etruskischem Brauch, nachdem ein Haruspex (›Eingeweideschauer‹) – Ergenna ist ein etruskischer Name – ein Schaf geopfert und die Innereien gemustert hatte, an der Unglücksstelle beigesetzt, woraufhin der Ort tabu war.

14 Enallage für ›den Bart albern zum …‹ Die Berührung des Bartes war beschämend für den Bartträger; wer es also freiwillig geschehen ließ, ließ sich verspotten.

15 Das dem antiken religiösen Götterverehrungssystem zugrunde liegende Prinzip des *do ut des* (›Gibst du mir, so ich dir‹) wird hier nicht zum ersten Mal infrage gestellt.

16 Der mittlere als ›Stinkefinger‹, der jemandem zum Zeichen von Hohn und Verachtung entgegengestreckt wird, dem man aber auch apotropäische Wirkung zuschrieb.

17 Der böse Blick von Geistern, den schon antiker Aberglaube für gefährlich hielt.

18 Gemeint ist, dass sie dem Kind die Reichtümer der genannten Männer wünscht: Licinus, ehemaliger Sklave Caesars, brachte es als Freigelassener zu einem riesigen Vermögen; M. Licinius Crassus (115/114 – 53 v. Chr.), Konsul 70 und 55 v. Chr. und mit Caesar und Pompeius im ersten Triumvirat verbunden, war der reichste Mann seiner Zeit.

19 Sie würde dem Gebet durch Tragen eines weißen Festkleides Nachdruck zu geben versuchen.

20 D. h. das Ziel seiner Wünsche zu erzwingen.

21 D. h. Silberkrüge mit Goldverzierung.

22 Vergoldungstechnik, bei der Eiweiß als Bindemittel verwendet wurde. Aus dem Adjektiv *ovatus* (›eiförmig‹) hat Persius ein komisches Partizip Perfekt Passiv gemacht.

23 Gemeint ist offenbar die Schar der Götter, die sich in ihren Statuen repräsentieren.

24 Traumbilder sollten nach antiker Auffassung möglichst klar erkennbar sein, konnten aber, wie man wohl meinte, durch nächtlichen Schleim in den Augen getrübt sein.

25 Bescheidenes Geschirr der Frühzeit Roms. Für diese stehen Numa Pompilius, der zweite König, und Saturn, der vor seinem Sohn Jupiter nach Italien geflohen sein soll.

26 Die jungfräuliche Priesterinnen der Vesta, der Göttin des Herdfeuers, durften Quellwasser für ihre heiligen Handlungen nur in Tonkrüge schöpfen.

27 Der hier ganz erdgebunden und frevelhaft gesehene Mensch wird gefragt, warum er die Götter an seinen Maßstäben messe. »Fleisch« wird bereits in der stoischen Philosophie als moralisch abwertende Bezeichnung des menschlichen Körpers verwendet.

28 So wurden Salböl und Parfüms produziert.

29 Wolle aus dem unteritalienischen Kalabrien hatte besonders hohe Qualität und wurde durch Färben mit Purpur, den man durch Tötung der Purpurschnecke, also eines Lebewesens, gewann, im Wert vermindert. Das Färben erfolgte durch ›Kochen‹ der Wolle in Purpursaft.

30 Nach Zerreiben von goldhaltigem Gestein zu Metallstaub wird dieser erhitzt und so pures Gold von Schlacke geschieden.

31 Unverheiratete Frauen weihten der Liebesgöttin (vermutlich vor der Hochzeit) ihre Puppen.

32 M. Aurelius Cotta Maximus Messalinus, von den Cottae adoptierter Sohn des M. Valerius Messalla Corvinus, des Konsuls von 31 v. Chr., der als Redner berühmt war und Dichter wie Tibull und Ovid unterstützte. Messallinus, gefährlicher Handlanger des Kaisers Tiberius, lebte luxuriös und entsprechend unmoralisch. Persius spielt hier sarkastisch mit zweimaligem *magnus* und dem mitzudenkenden Beinamen Maximus.

33 Die Metapher ist aus *incoquere*, dem Terminus technicus für das ›Kochen‹ von Wolle in Purpursaft (s. Anm. 29), entwickelt und schafft so einen Kontrast zu V. 65.

34 Damit wurden die Opfertiere bestreut, und das konnten sich auch Arme als Opfer leisten.

Satire 3

Ein junger Mann, der bis zum späten Vormittag geschlafen hat und von einem Gefährten geweckt wird, gibt den Versuch, sich geistig zu betätigen, schnell wieder auf. Der ihn deswegen tadelnde *poeta* lässt als Begründung für Untätigkeit weder den Besitz eines kleinen Landgutes noch die Zugehörigkeit zu etruskischem Adel gelten (1–34). Gebet des *poeta* an Jupiter, er möge Tyrannen mit dem Bewusstsein ihrer Schuld strafen, das sie dann heftiger quält als ihre Opfer die an ihnen verübten Untaten (35–43). Während das Kind noch nicht erkennt, dass es etwas lernen muss – Beispiel dafür ist, dass der *poeta* als Knabe sich vor dem Deklamieren drückte, weil für ihn das Höchste kindliche Spiele waren –, hat der angeredete junge Mann sich bereits mit den Lehren der Stoa und des Pythagoras beschäftigt und wird nun vom *poeta* dazu ermahnt, sich möglichst bald mit den Grundfragen der Ethik auseinanderzusetzen, sich aber nicht von Problemen, die sich aus materiellem Besitz ergeben (Beispiel: der für seine Tätigkeit entlohnte Anwalt), verärgern zu lassen (44–76). Wenn ein Centurio sich abfällig über enthaltsame Denker und ihre Themen äußert, lachen die muskulösen jungen Leute überheblich (77–87). Ein an Malaria Erkrankter hält sich nicht an die Anweisung des Arztes und stirbt (88–106). Dem jungen Mann, der sich für gesund hält, erklärt der *poeta* unter Hinweis auf potentielle Affekte, diese würden sich auch körperlich auswirken, und er kann das am Schluss der Satire dadurch bestätigt sehen, dass der junge Mann vom Zorn erhitzt wird (107–118).

1 Der *poeta* spricht von dem jungen Mann aus der Position des geistig und moralisch Überlegenen in der 1. Person Plural, wie dann auch wieder in V. 12–14 (»Dann beklagen wir ... und wir beklagen«) und V. 15f. (» ... so weit ist es mit uns gekommen?«). Das erinnert an die Sprechweise eines heutigen Chefarztes, der bei der Visite zu einem Patienten z. B. sagen könnte: »Wir machen gesundheitliche Fortschritte.«

2 Ein besonders exquisiter Wein, angebaut in Kampanien.

3 Der junge Mann schläft seinen Rausch aus, wobei, wie impliziert wird, das Schnarchen das Verdampfen bewirkt.

4 Den Schatten bewirkt der Zeiger der Sonnenuhr, und der Strich zeigt die fünfte Stunde an. Im Sommer wäre das, da die Römer von Sonnenaufgang an maßen, etwa 11 Uhr.

5 Das Sternbild des Hundes (Sirius), der zu Persius' Lebzeiten während der Hundstage (23. Juli – 23. August) zusammen mit der Sonne aufging, ist, da er Hitze bringt, tollwütig wie ein richtiger Hund.

6 Wörtlich: »gläsern, glasklar«. Die schwarze Galle, deren Anschwellen nach antiker Auffassung Zorn auslöst, empfand man als glänzend.

7 Herden von Eseln.

8 Aus dem Buch will er abschreiben. Das aus Tierhaut hergestellte, auf der Haarseite gelbliche, auf der Fleischseite hellere Pergamentblatt, von dem mit Bimsstein die Haare entfernt sind, dient für einen Entwurf, auf Papyrus wird dann geschrieben und aus Schilfrohr ist die Schreibfeder.

9 Da der junge Mann die zähflüssige Tinte mit Wasser verdünnt, verblasst sie und tropft.

10 Von der Amme Vorgekautes, also ein Brei.

11 Wie den jungen Mann der Griff zu seinem Schreibzeug nicht zum Arbeiten motivieren kann und er lieber untätig sein will, so lässt sich ein verwöhntes Kleinkind nicht von der Amme durch ihr La-La-La beruhigen und möchte einfach nur seinen Brei essen.

12 Wörtlich: »Du fließt aus«, was auf die nachfolgende Metapher aus dem Bereich der Töpferei vorausweist.

13 Durch Klopfen wird die Qualität eines gerade angefertigten Tongefäßes geprüft.

14 Zum Silbergeschirr gehörig und daher sorgfältig zu behandeln, dienen Salzfass und Schale bei den vor dem Mahl zu erbringenden Opfern. In ihrem Besitz braucht der Angesprochene keine Angst vor den Göttern zu haben, ist selbst rein und kann sorglos sein.

15 D. h. sich vor Stolz ›aufzublasen‹. Die Metapher dürfte auf die Fabel vom sich aufblasenden Frosch in der Version des Horaz anspielen (*Sat.* 2,3,314–20).

16 D. h. einer unter Tausend.

17 Die überzeugendste Erklärung der Stelle geht davon aus, dass der von Etruskern abstammende, freilich nicht zu bedeutendem Adel gehörende junge Mann in Anlehnung an ein öffentliches Zeremoniell einem Zensor – er war u. a. für die Einschätzung der Bürger nach ihrem Vermögen zuständig –, der auf dem im Atrium aufgestellten Stammbaum verzeichnet ist, Ehrerbietung erweist, was etwas skurril ist. Öffentlich erfolgte das bei einem jährlichen Einzug der Ritter in die Hauptstadt, bei dem zur Zeit des Persius der Kaiser die Rolle des zu grüßenden Censors übernahm. Die Trabea war ein mit waagrechten Streifen verzierter Mantel.

18 Silberplättchen zum Schmuck der Pferde, die als Orden verliehen und somit auch wie heutiges ›Lametta‹ als schöner Schein aufgefasst werden konnten.

19 Das Tragen der Tunika ohne Gürtel galt als Zeichen eines lockeren Lebenswandels und der Verweichlichung, weil sie wie bei den Frauen bis zu den Füßen herabfiel. Den Namen Natta verwendet Horaz für den Typ eines Geizhalses (*Sat.* 1,6,23f.), weshalb auch hier keine konkrete Person gemeint sein dürfte.

20 D. h., er ist auch innerlich ›verfettet‹, so dass er keinen regen Verstand hat.

21 Er wäre nach antiker Auffassung nicht davon frei, wenn er sich einer Schuld bewusst wäre.

22 D. h. in seinen Lastern versunken.

23 Sie sollen dadurch, dass sie im Gegensatz zu Natta sich ihrer Untaten bewusst werden, gestraft werden.

24 Der Tyrann Phalaris von Akragas auf Sizilien (6. Jh. v. Chr.) soll seine Gegner dadurch, dass er sie in einem innen hohlen bronzenen Stier rösten ließ, zum Brüllen gebracht haben. Phalaris erscheint hier als einer von zwei Prototypen des grausamen Tyrannen.

25 Der Tyrann Dionysios I. (oder II.; beide 4. Jh. v. Chr.), soll den ihn beneidenden Höfling Damokles für einen Tag zum Herrscher gemacht und ihm durch ein Schwert (›Damoklesschwert‹), das während des Mahls an einem Rosshaar über ihm hing, demonstriert haben, wie gefährlich Tyrannen leben.

26 Dadurch wurden sie entzündet.

27 Es gehörte zu den in der Rhetorenschule durchgeführten Übungen, dass der Schüler sich in einen großen Mann vor einer großen Entscheidung versetzte – hier ist es M. Porcius Cato, genannt der ›Jüngere‹ (95–46 v. Chr.), der sich in dem von Caesar belagerten Utica das Leben nahm, um nicht dem ›Tyrannen‹ in die Hände zu fallen – und in einer Deklamation entweder vom Typ der *controversia* das Für und Wider erörterte oder in einer solchen vom Typ der *suasoria* dem Mann einen Rat zu erteilen. Hier handelt es sich um eine *controversia*.

28 Vor Aufregung, weil der Sohn die ihm gestellte Aufgabe nicht oder schlecht erfüllen könnte.

29 Der beste Wurf mit dem sechsseitigen Würfel. Der schlechteste mit der Eins hieß Hundswurf und führte zu entsprechendem Verlust, wenn es einen Einsatz gab.

30 Man warf um die Wette Würfel, Nüsse und andere Gegenstände in ein Gefäß.

31 D. h. moralische Verfehlungen als solche zu erkennen.

32 Die Halle, griech. *stoá*, in Athen, in der erstmals die stoische Philosophie gelehrt wurde. Sie hieß wegen der Wandbemalung – u. a. war die Schlacht der Griechen gegen die Perser (»Meder«) bei Marathon (490 v. Chr.) abgebildet – *stoá poikílē* (›bunte Halle‹).

33 Das Ypsilon, für die kaiserzeitlichen Anhänger des auf Samos geborenen Philosophen Pythagoras (2. H. 6. Jh. v. Chr.) Symbol des Lebens und Abbild der Weggabelung, vor welcher Herkules sich entscheiden muss, ob er auf dem breiten linken Weg zu Laster und Dummheit oder auf dem schmalen und steilen zu Tugend und Weisheit gehen will.

34 Gemeint ist, dass der Kopf vornüber hängt und hin und her wackelt, wobei er so klafft, d. h. gähnt, dass der Zusammenhalt des Kieferbereichs sich aufzulösen droht; vgl. Einf. S. 21.

35 Für die Ziellosigkeit steht das Bild von der Jagd auf einen Vogel mit Wurfgeschossen, wie sie gerade zur Hand sind.

36 Vgl. Satire 1, Anm. 32. Hier ist an Heilung von der Wassersucht gedacht.

37 Ein in augusteischer Zeit bekannter Arzt.

38 Beide Bilder stammen aus der Welt des Circus, wo den Gespannen per Los die Reihenfolge, in der sie zum Start gingen, zugewiesen wurde und die beiden Wendemarken umfahren werden mussten.

39 Ein Anwalt, an den der *poeta* sich hier richtet, wurde von seinem Klienten oft mit Naturalien, besonders Lebensmitteln, bezahlt, wobei die landwirtschaftlich wohlhabenden Umbrer üppig, die in den Abruzzen wohnenden Marser dagegen nur ärmlich geben konnten.

40 Der Centurio, Anführer einer Hundertschaft von Soldaten, galt als nicht besonders intelligent und wird vom *poeta* als typischer Vertreter einer bildungsfeindlichen Haltung dargestellt.

41 Arkesialos (ca. 316/315 – 241/240 v. Chr.): Vertreter eines rigorosen Skeptizismus.

42 Solon (ca. 640 – 560 v. Chr.): athenischer Staatsmann, den man zu den Sieben Weisen zählte.

43 Es dürfte kein bestimmter Philosoph gemeint sein, da seinsphilosophische Thesen wie die hier zitierten, von mehreren antiken Denkern aufgestellt wurden.

44 Offensichtlich mehr an körperlicher Ertüchtigung als an Philosophie interessiert, lachen junge Leute überheblich. Es dürfte gemeint sein, dass sie, da sie auch nicht mehr wissen als der Centurio, keinen Grund haben, die Nase über ihn zu rümpfen.

45 Dem von Malaria befallenen Mann hat der Arzt offenbar Tertianfieber prognostiziert, er ist aber von dem besonders gefährlichen Quartanfieber befallen, das weitere Ruhe verlangt. Der Kranke steht für den, dem die ›Therapie‹ Philosophie verordnet ist und der sich ihr nicht konsequent unterzieht.

46 Gemeint ist eine Flasche, die nur so groß ist, dass sie mäßigen Durst stillen kann. Der Mann, der sich genesen glaubt, ist also diesbezüglich durchaus vorsichtig.

47 Wein aus Surrentum (heute Sorrento) in Kampanien, der leicht und deshalb für einen Rekonvaleszenten durchaus geeignet ist.

48 Die Person, die den Kranken anspricht, bedarf nicht der Identifikation.

49 Als Komplikation des Quartanfiebers entwickelt sich offensichtlich Wassersucht, wie sie schon in V. 63 angesprochen war.

50 Die Leichenblässe kündigt sich an.

51 Der Wein ist mit warmem Wasser gemischt.

52 Orientalische Gewürzpflanze, aus der besonders kostbarer Balsam hergestellt wurde.

53 Ehemalige Sklaven, die, zu Ehren des Toten am Vortrag der Bestattung freigelassen, jetzt zu den freien Römern gehören, hier mit deren Ehrennamen als Quiriten bezeichnet.

54 Der junge Mann, der sich für gesund hält und sich deshalb durch die Mahnrede des *poeta* und das Beispiel des leichtsinnigen Kranken nicht angesprochen fühlt,

lässt den *poeta* durch die unfreundliche Anrede spüren, dass er genug von ihm hat.

55 In beißender Ironie gibt der *poeta* dem jungen Mann zu verstehen, er wisse schon, dass dieser mit seinem empfindlichen Mund derbe Kost nicht vertragen würde, tadelt also außer Geldgier (V. 109), Verlangen nach außerehelichem Sex (V. 110) sowie den Affekten Angst und Zorn, denen allen körperliche Symptome entsprechen, Genusssucht.

56 D. h., nachdem ich dich erzürnt und damit ›erhitzt‹ habe.

57 Er wird nach dem Mord an seiner Mutter Klytämnestra, den er aus Rache dafür beging, dass sie seinen Vater Agamemnon ermordet hat, von den Erinnyen, den Rachegöttinnen, mit Wahnsinn geschlagen.

Satire 4

Alkibiades, von Sokrates gefragt, auf welche Kenntnisse gestützt er sich als Politiker betätige, muss sich sagen lassen, er, äußerlich schön, habe nicht mehr Sachverstand als eine alte Gemüsehändlerin (1–22). Ausgehend von der These, niemand erkenne sich selbst, sondern man blicke auf die (vermeintlichen) Fehler anderer, hört sich der *poeta* zunächst die Verleumdung eines reichen Mannes als extrem geizig an und inszeniert dann, wie jemand dem Verleumder implizit unterstellt, durch seine Erscheinung verrate er sich als passiver Partner in mann-männlichen Sexualbeziehungen (23–41). Abschließend empfiehlt der *poeta*, man solle, statt die eigenen Fehler zu verdrängen und sich auf die positive Beurteilung anderer zu verlassen, sich selbst und die eigenen Defizite erkennen (42–52).

1 Der athenische Philosoph Sokrates (ca. 469 – 399 v. Chr.), der, wegen Asebie und Verführung der Jugend zum Tode verurteilt, durch Trinken von Schierling starb. Hier ist es der Sokrates des pseudo-platonischen Dialogs *Alkibiades* I, der als Prätext von V. 1–22 mitgelesen sein will.

2 Alkibiades (ca. 450 – 404 v. Chr.), athenischer Staatsmann, der nach dem frühen Tod seines Vaters unter die Vormundschaft des führenden athenischen Staatsmannes Perikles (ca. 500 – 429 v. Chr.) gekommen war.

3 Das Diminutiv im Lateinischen drückt die Verachtung aus, die der Philosoph gegenüber der untersten sozialen Schicht empfindet.

4 Redner geboten durch eine Handbewegung Schweigen.

5 Vgl. Satire 3, Anm. 53.

6 Den griechischen Buchstaben Theta, der für *thánatos* (›Tod‹) stand, schrieben die Geschworenen in Athen auf ein Stimmtäfelchen, das ihr Urteil anzeigte.

7 Sokrates fand Alkibiades laut Platon als Mann erotisch anziehend. Hier sieht ›Sokrates‹ eine Diskrepanz zwischen der gewinnenden äußeren Erscheinung und der geistigen Kapazität des Gesprächspartners.

8 Assoziiert werden soll der ›angeberisch‹ (dazu passt *iactare* in der Bedeutung ›prahlen‹) sein Rad schlagende (d. h. den Schweif auffächernde) Pfau. Zwar kann *cauda* auch den Penis bezeichnen, aber ich sehe nicht, wie man sich dessen öffentliche Präsentation vorstellen soll oder was damit metaphorisch ausgedrückt sein könnte.

9 Nieswurz (zu Satire 1, Anm. 32) wurde von Antikyra am korinthischen und Antikyra am malischen Golf exportiert. ›Alkibiades‹ braucht nach Ansicht des ›Sokrates‹ eine doppelte Dosis.

10 Gemeint ist offenbar die Baukis in V. 21, die ihren Namen mit der gottesfürchtigen alten Frau in Ovids bekannter Erzählung von Philemon und Baukis (*Met.* 8,618–724) gemeinsam hat, ansonsten aber nur die Biederkeit ihres Wesens.

11 Damit kann Alkibiades sich gerade nicht aufblasen, denn er steht als Sohn einer Witwe nicht gut da, setzt sich durch die Herkunftsangabe sogar dem Verdacht aus, er sei ein Muttersöhnchen, und mit einer strahlend weißen Haut wirkt er effeminiert, da Männer im Gegensatz zu Frauen von der Sonne gebräunte Hautfarbe hatten.

12 Vgl. Satire 3, Anm. 19.

13 D. h. sich selbst zu erkennen. Die Forderung ›Erkenne dich selbst!‹ (griech. *gnôthi seautón*) richtet Sokrates implizit an Alkibiades in V. 1–22.

14 Anspielung auf die Fabel von den zwei Ranzen, die der Mensch trägt, den mit den eigenen Fehlern auf dem Rücken, den mit denen anderer vor der Brust (Äsop 266 Perry; Catull 22,21; Horaz, *Satiren* 2,3,298f.; Babrios 66; La Fontaine 1,7). Hier ist es ein Quersack, den man mit dem einen Teil nach vorne und dem anderen nach hinten über die Schulter legte.

15 Die alte Hauptstadt der Sabiner ca. 24 Meilen nördlich von Rom.

16 Vgl. Satire 2, Anm. 3.

17 Dem Mann wird unterstellt, er befestige bei dem Fest, das er hier offenbar mit seinem Gesinde feiert, in dem Heiligtum nicht etwa eine Weihgabe, sondern hänge stattdessen seinen Pflug auf, der wieder zum Einsatz kommen wird.

18 Vor dem Öffnen eines Weinkruges musste der Kitt entfernt werden, der ihn nach der Verkorkung luftdicht verschloss.

19 Das soll offensichtlich implizieren, dass sie sonst etwas noch Schlechteres zu essen bekommen.

20 Der Verbalbezug zu V. 28 verknüpft die beiden Exempla für üble Nachrede bzw. üble Unterstellung. Das ›Befestigen‹ der Sonne auf der Haut würde mit dem Ziel der Dauerbräune erfolgen.

21 Die durch Metaphern aus der Welt der Gartenarbeit und des Ackerbaus verfremdete Attacke auf den jungen Mann geht davon aus, dass seine Schamhaare und die Behaarung des Anus entfernt sind (Letzere, wie der *ignotus* behauptet, ohne Erfolg); sie impliziert, da dies in der Regel passive Partner in einer mann-männlichen Sexualbeziehung, die allgemein verachteten Kinäden (›Schwuchteln‹), praktizierten, dass auch der Attackierte ein solcher ist.

22 Auch das bei erwachsenen Römern nicht übliche Tragen eines Bartes, der noch dazu gepflegt war, konnte im antiken Rom als typisch für einen Kinäden ausgelegt werden.

23 Vor dem Rupfen mit der Zange wurde der After mit heißem Wasser abgewaschen oder gesalbt.

24 Das Wort kann für ›Penis‹ stehen, aber da dem Angeredeten generell unterstellt wird, er lasse sich anal ›bezähmen‹, also penetrieren, scheint sich mir das Bild hier zu verselbstständigen.

25 D. h., wir verleumden und bieten uns selbst als Zielscheibe von Verleumdung dar.

26 Offenbar ist ein inneres Geschwür im Unterleib gemeint, das für die eigene Fehlerhaftigkeit steht. Diese wird versteckt, d. h. verdrängt, wobei man sich über das schlechte Gewissen so hinweg zu täuschen bemüht ist, wie man Schmerz, der von den Nerven ausgeht, zu unterdrücken versucht.

27 Enallage, denn der Gürtel ist breit, aber das Gold, das ihn schmückt, soll man sich hier so vorstellen, dass es ihn üppig zur Gänze bedeckt, so dass der Schmuck breit erscheint.

28 Blässe konnte in der Antike als Folge eines Lasters wie Habsucht diagnostiziert werden.

29 Mit *puteal* ist hier, wie Kißel z. St. hier m. E. richtig vermutet, nicht ein Blitzmal gemeint (vgl. Satire 2, Anm. 13), sondern – das kann das Wort auch bedeuten – eine Brunneneinfassung und im weiteren Sinne eine Grube, die wiederum als Metapher für einen Anus aufgefasst werden kann; ›peitschen‹ stünde dann für ›(gewaltsam) penetrieren‹. Außer ›bitter, sauer‹ heißt *amarus* auch ›unfruchtbar‹, wobei die eine Bedeutung zum Anus, die andere zu dem Bild aus der Landwirtschaft passt. Und mit Vorsicht geht vor, wer eine Handlung geheimhalten will.

30 D. h. der, welcher wie die Nachbarschaft in V. 46 den Angeredeten lobt.

31 D. h., erkenne dich selbst und dadurch auch deine Unvollkommenheit.

Satire 5

Die Erwartung weckende Bezugnahme des *poeta* auf den Unsagbarkeitstopos in Tragödie und Epos unterbricht Cornutus mit der Erinnerung seines Gesprächspartners daran, dass dieser der ›großen‹ die ›kleine Poesie‹ vorziehe, und fordert ihn auf, bei dieser zu bleiben. Der *poeta* versichert Cornutus darauf, dass er sich nicht um Schall und Rauch der Tragödie bemühe, sondern darum, seiner seelischen Verbundenheit mit ihm durch Aussprechen seines Innersten Ausdruck zu verleihen (1–29). Der *poeta* erzählt sein Leben vom Anlegen der Männertoga bis zu dem Zeitpunkt, als er sich Cornutus anvertraute, und stellt ausführlich dar, wie dieser seinen Charakter formt, mit ihm in Lehrer/Schülergemeinschaft zusammenlebte und in engster Harmonie, die im Zeichen des gemeinsamen Sternbilds steht, verbunden ist (30–51). Die Interessen und Bestrebungen der Menschen sind verschieden, aber im Alter blicken sie auf ein vertanes Leben zurück. Cornutus dagegen hat seines mit den Lehren der Stoa und der Unterweisung der Jugend in dieser Philosophie ausgefüllt. Wer die Beschäftigung mit ihr auch nur von einem auf den anderen Tag verschiebt, wird ihr immer vergeblich hinterherlaufen (52–72). Freiheit ist notwendig, aber nicht die, welche nach dem Gesetz erworben wird, also zum Beispiel durch den Akt der Freilassung eines Sklaven; sie entspricht nicht dem, was die Stoa darunter versteht (73–90). Frei ist nur, wer die von der Philosophie vermittelte Kunst zu leben beherrscht, unfrei also der in Unkenntnis dieser Lehre Verbleibende (91–131). Unfrei machen die Habgier (*Avaritia*) und die Genusssucht (*Luxuria*), die als Personifikationen sprechen (132–160), die sklavische Hingabe an die Liebe, die Ehrsucht (*Ambitio*) und der Aberglaube, der (hier nicht personifiziert) am Beispiel jüdischer Bräuche, des Kybele- und Isiskults demonstriert wird (161–188). Die Schlusspointe bildet das »fettige« Gelächter eines Centurios (189–191).

1 Der erstmals bei Homer zu findende Unsagbarkeitstopos steigerte sich von dem Wunsch nach zehn Mündern (*Ilias* 2,489) über den nach hundert (z. B. Vergil, *Aeneis* 6,625) bis zum Kirchenlied »O dass ich tausend Zungen hätte …«.

2 Die Masken der Tragödienschauspieler hatten eine besonders große Mundöffnung.

3 Die kriegerischen Auseinandersetzungen der Römer mit dem ›Erbfeind‹ im heutigen Iran wären das Thema eines historischen Epos.

4 Schon hier spricht offensichtlich Cornutus. Der Stoiker, mit vollem Namen L. Annaeus Cornutus, verfasste Schriften in lateinischer und griechischer Sprache; in Letzterer erhalten ist *Kurzgefasste griechische Theologie.* Er wurde 65 n. Chr. von Nero verbannt.

5 Gemeint ist die bereits angesprochene ›große‹ Poesie (s. Einf. S. 23) der Epiker und Tragödiendichter.

6 Vgl. Prolog, Anm. 1. Gemeint: Sie sollen Dichtung verfassen, die wie ein Nebel ›nichts‹ ist, also keine bedeutsame Aussage hat.

7 Prokne setzt ihrem Mann Tereus, der ihre Schwester vergewaltigt und ihr die Zunge herausgeschnitten hat, den gemeinsamen Sohn Itys, Atreus seinem Bruder Thyestes dessen Söhne vor, und ein Schauspieler wie Glykon muss diese Art von Mahlzeiten ›wiederkäuen‹.

8 Alltägliche Worte, da, wer sie spricht, die Toga als die tägliche Bekleidung trägt.

9 ›Bleich‹ dürfte im Sinne von ›krank und daher mit ungesunder Hautfarbe‹ gemeint sein, d. h., es wird das Bild des Aufkratzens einer Wunde evoziert.

10 Stadt in der Argolis, in der die Tantaliden herrschen; zu ihnen gehören Atreus und Thyestes (vgl. Anm. 7).

11 Als »Kleinkram« (*nugae*) gilt normalerweise die ›kleine‹ Poesie (s. Einf. S. 23), aber hier dreht der *poeta* aus der Sicht eines Autors solcher Art von Literatur den Spieß um und wertet die »schwarzgekleidete«, d. h. von trauernden Schauspielern aufgeführte Tragödie ab.

12 Im Sinne von ›Schall und Rauch‹ als Metapher für Pathos und Gedankenschwere der Tragödie.

13 Römische Entsprechung der griechischen Muse.

14 Mit etwa sechzehn Jahren vertauschte ein freier junger Römer seine purpurverbrämte Toga zum Zeichen des Eintritts in das Erwachsenenalter mit der weißen *toga virilis* (›Männertoga‹) und hängte die *bulla*, eine Kapsel für das bisher auf der Brust getragene Amulett, im Hausheiligtum der für seinen Schutz bisher zuständigen Laren (›Hausgötter‹) auf.

15 Stadtteil nordöstlich des Forum Romanum, wo die Läden waren, die Prostituierten sich aufhielten und junge Männer gerne herumflanierten.

16 Vgl. Satire 3, Anm. 33.

17 Das Bild, das für den Vorgang der erzieherischen Formung eines Menschen steht, evoziert den Künstler, der mit dem Daumen eine Wachs- oder Tonbüste modelliert.

18 Das Sternbild der Waage wird ›beim Wort genommen‹.

19 Eine der drei Schicksalsgöttinnen Klotho, die den Lebensfaden spinnt, Lachesis, die ihn zureicht, und Atropos, die ihn abschneidet.

20 Die Dioskuren Kastor und Pollux, Zwillingssöhne Jupiters und der Leda, als Sternbilder.

21 Auch der oberste Gott und sein von ihm entmachteter Vater Saturn erscheinen hier als Sternbilder.

22 D. h. dort, wo sie aufgeht: im nahen Osten.

23 In Rom das Marsfeld (*Campus Martius*).
24 D. h., er ›verringert, reduziert‹ ihn, nämlich bezüglich seines Vermögens.
25 Kleanthes (331–233 v. Chr.) war nach seinem Lehrer Zenon der wichtigste Vertreter der alten Stoa.
26 D. h. für die Zeit, in der ihr graue Haare habt: das Alter.
27 Er verbindet Vorder- und Hintergestell eines Wagens.
28 Bezirk Roms im Tal des sabinischen Sees Velinus.
29 Publius erhält bei einer öffentlichen Getreideverteilung für eine Empfangsmarke Mehl. Um diese Art Freiheit geht es dem *poeta* aber nicht.
30 Ein zur Zeremonie der Freilassung gehörendes Ritual. S. auch Satire 3, Anm. 53.
31 Offenbar ist gemeint, dass er einen Teil des Pferdefutters unterschlägt.
32 Urkunden, die in Anwesenheit eines Zeugen gesiegelt wurden, und dieser musste ein freier Römer sein.
33 Das *pilleum* trugen freigelassene Sklaven auf dem Kopf.
34 L. Iunius Brutus, der um 500 v. Chr. die Könige aus Rom vertrieben und die Republik begründet haben soll.
35 Zunächst einmal metaphorisch zu verstehen, da ein feines Gehör als Voraussetzung für eine gute Auffassungsgabe galt, aber Essig wurde tatsächlich zur Ohrenreinigung verwendet.
36 Masurius Sabinus, frühkaiserzeitlicher Autor eines Werks über römisches Recht in drei Büchern, in dem die Überschriften durch rote Schrift besonders markiert waren.
37 Die »alten Omas« stehen für das, was alte Frauen oft glauben und durch ihr Gerede verbreiten.
38 Ein Saiteninstrument, ähnlich der Harfe.
39 Wer nicht in der Lage ist, durch richtiges Bedienen der Waage die passende Dosis für einen Heiltrank aus Nieswurz (vgl. Satire 1, Anm. 32) zu erstellen, ist als Arzt ungeeignet.
40 Für Seeleute war Beherrschung der Sternkunde Voraussetzung für die Navigation.
41 Ein Meergott, auch Melikertes genannt.
42 Aufrechter Gang unterscheidet den Menschen vom Tier.
43 Gemeint ist die Philosophie, welche die Kunst der rechten Lebensführung lehrt.
44 D. h. an einem Beispiel zu erkennen, was wahr ist, wie der Münzprüfer an einem Spezimen erkennt, ob Münzen aus echtem Gold sind.
45 Glückstage wurden im Kalender mit einem weißen, Unglückstage mit einem schwarzen Strich vermerkt, was hier auf die Beurteilung von Handlungsweisen übertragen ist.
46 D. h., könntest du dich in der Mitte zwischen Verschwendung und Sparsamkeit halten? Der Kornspeicher könnte Metapher für den Geldbeutel sein.

47 D. h. ohne dass dir vor Habgier das Wasser im Munde zusammenläuft.

48 Die Magistrate sind für die Freilassung zuständig (s. V. 88), der Gott schützt die persönliche Freiheit. Gemeint ist, dass der Angesprochene unter der genannten Bedingung im Sinne der Stoa frei und weise ist.

49 Das entspricht der Wendung ›einer wie du und ich‹.

50 Die bildliche Vorstellung dürfte die einer Schlange sein, die sich nicht häutet, was übertragen die Bewahrung der alten moralisch schlechten Art bedeutet.

51 Vermutlich bedeutet auch diese Wendung ›ich nehme, was ich sagte, zurück‹ und es ist an den Sport des Tauziehens zu denken.

52 Die Stoa lehrte, man solle nach den Gütern, nach welchen der Weise nicht strebt, nicht einmal den Finger ausstrecken, was ja noch eine sehr minimale Handlungsweise wäre.

53 Dahinter steckt das stoische Dogma, dass nur der Weise tugendhaft sein kann.

54 Bathyllus war ein Pantomime, der, wenn er die Figur des bocksbeinigen, gehörnten und lasziven Kobolds mit dem erigierten Glied verkörperte, besonders geschickt gewesen sein muss.

55 Dahinter steht die Vorstellung einer in Bewegung gesetzten Marionette.

56 Vgl. Satire 1, Anm. 20.

57 Das Schwarze Meer.

58 Beliebter Wein von der Ägäisinsel Kos.

59 Bei Übernahme der aus Indien nach Ägypten gebrachten Ware musste ein Händler so schnell sein, dass er sogar der Tränkung der Lasttiere zuvorkam.

60 Im Zusammenhang dürften damit beeidete Zusagen über Rückzahlungen und dergleichen gemeint sein, bei denen auch mancher falsche Schwur geleistet wurde.

61 Von dem Gott fürchtete man, dass er Meineidige strafe.

62 Er wird dann so arm sein, dass er kaum noch ein Salzkorn besitzt.

63 Gemeint: Sein (nach antiker medizinischer Lehre durch die schwarze Galle verursachter) Wahnsinn und die für einen Mann typische Gier nach *action* ist so groß, dass selbst tödliches Gift ihn davon nicht heilen könnte.

64 Damit konnte Wein, hier ein besonders schlechter, versetzt werden, u. a. damit er haltbar wurde.

65 Die *obba*, ein Becher aus Holz oder Pfriemengras, hatte einen breiten Boden, der das Umfallen auf einem fahrenden Schiff verhindern konnte.

66 Vgl. Satire 2, Anm. 2

67 Evoziert wird ein Fisch, der zwei Angelhaken verschluckt hat.

68 Sklave des Chairestratos in der (verlorenen, aber in der Bearbeitung des Terenz [ca. 195 – nach 159 v. Chr.] erhaltenen) Komödie *Der Eunuch* des hellenistischen Komödiendichters Menander (342/341–293/290 v. Chr.). Er steht mit seinem

Herrn vor der Tür der Hetäre Chrysis, welche diesen, mit dem sie ein Verhältnis hat, nicht zu sich lässt.

69 Die der Hetäre im Zorn unterstellte Eigenschaft ist auf ihre Türschwelle übertragen.

70 Die Tür, vor der die Liebhaber in Komödie, Elegie und Epigramm die Nacht verbringen, nachdem sie sich zusammen mit ihren Gefährten betrunken haben, ist feucht von Tränen, Küssen und Salben.

71 Wie *vindicta* (V. 88 und 125) bezeichnet *festuca* den Stab, mit dem eine Freilassung, hier von einem Liktor, dem Vollzugsbeamten eines hohen Magistrats, vollzogen wird.

72 Der *poeta* nennt ihn so, weil er die Zeremonie lächerlich findet.

73 Amtsbewerber in Rom machten ihre weiße Toga mit Kreide noch weißer.

74 Fruchtbarkeitsfest im Frühling (28. April – 3. Mai), bei dem Amtsbewerber sich mit Spenden und Spielen beliebt machen konnten.

75 Gemeint sind wahrscheinlich die Sabbate insgesamt als Festtage.

76 Die Sabbatlichter am Vorabend.

77 Fisch als Sabbatspeise.

78 Der jüdische Ritus, dass Knaben kurz nach der Geburt beschnitten wurden, ist auf den Feiertag übertragen.

79 Die Seelen der Toten, die nachts als Geister die Menschen erschrecken.

80 Anspielung auf das Wahrsagen aus einem Ei.

81 Die kastrierten Priester der Muttergöttin Kybele.

82 Klapper, die beim Isis-Ritual verwendet wurde.

83 Vgl. 3,77f. mit Anm. 40. Pulfennius, ein etruskischer Name, könnte auf *pulpa* (›Fleischbrocken‹) anspielen, weil Centurionen nicht nur als Banausen, sondern auch als ungeschlachte Kerle galten.

84 Gemeint sind offensichtlich griechische Philosophen.

Satire 6

In seinem Brief an den Lyriker Caesius Bassus rechtfertigt der *poeta* seine Maxime, nicht habgierig zu sein, sondern von dem, was er besitzt, gut zu leben, gegenüber einem Habgierigen, der ihn zur Sparsamkeit mahnt. Als der ihn vor dem Zorn seines Erben warnt, welcher den ihm hinterlassenen Besitz durch das Wohlleben des *poeta* vermindert sieht, fingiert dieser einen Dialog mit dem Erben, in dem er ihm deutlich macht, dass er auf dessen Erwartungen an ihn keine Rücksicht nehmen wird, ja ihn sogar durch einen Bettler ersetzen könnte. Er selbst wolle nun einmal seinem Erben zuliebe nicht auf gutes Essen verzichten (1–74). Dann fordert er den Habgierigen zur freien Entfaltung seiner Gewinnsucht auf und gibt, als dieser fragt, wie weit er da gehen dürfe, zu verstehen, dass Habgier sich selbst keine Grenze zu setzen vermag (75–80).

1 Caesius Bassus, Lyriker, den Quintilian neben Horaz für einzig lesenswert erklärt (*Inst.* 10,1,96), dürfte mit dem gleichnamigen Metriktheoretiker identisch sein. Er hatte vermutlich ein Landgut in Sublaqueum (heute Subiaco) ca. 50 km nördlich von Rom. Gestorben sein er soll beim Ausbruch des Vesuvs 79 n. Chr.

2 Das tyrrhenische Meer, das die poetische Persona des aus Etrurien stammenden Autors als das Seine bezeichnet.

3 Der Ort, heute Luni, liegt ca. 40 km nordwestlich von Pisa. Wahrscheinlich ersetzt er in einem Vers des Quintus Ennius (239–169 v. Chr.) aus dessen historischem Epos *Annalen* (wohl nicht aus seinen Satiren) einen anderen Ortsnamen.

4 Ennius verkündete im Prolog der *Annalen*, Homer – hier Mäonide, d. h. Lyder genannt – habe ihm im Traum auf dem Helikon verkündet, seine Seele sei per Seelenwanderung (die der Philosoph Pythagoras in der zweiten Hälfte des 6. Jh.s v. Chr. lehrte) erst in den Körper eines Pfaus, dann in seinen eigenen übergegangen.

5 Der Südwind, hier als der schädliche Scirocco.

6 Vgl. Satire 2, Anm. 2.

7 Jetzt spricht erstmals ein Habgieriger. Bruttium ist das heutige Kalabrien.

8 Am Heck befand sich das aufgemalte Bild des Gottes oder der Götter, unter deren Schutz das Schiff gestellt war.

9 Gemeint ist wohl ein Getreideacker. Er steht für das Kapital, auf das der *poeta* als Hilfe für einen Schiffbrüchigen zurückgreifen würde, statt, wie der sparsame Habgierige vorher impliziert hat, durch Sparsamkeit für eine solche Ausgabe von vornherein gerüstet zu sein.

10 Vgl. Satire 1, V. 89f. mit Anm. 53.

11 Er wird, wenn der ihn beerbende *poeta* stirbt, das Begräbnis mit dem Totenmahl sehr sparsam finanzieren.

12 Aromata wurden bei der Feuerbestattung zur Linderung des durch die Verbrennung der Leiche entstehenden Geruchs verwendet.

13 Der Habgierige zitiert den zornigen Erben.

14 Eine vermutlich fiktive, schon bei Horaz, Epistel 1,5,36f. (und vielleicht vorher bei Lucilius) auftretende Figur, die hier über den Niedergang der Moral klagt und u. a. die griechische Philosophie dafür verantwortlich macht. Er erscheint hier einfach, um durch sein dummes Gerede das des Erben zu steigern.

15 Das substantivierte Verb *sapere* steht sowohl für die (griechische, jetzt in Rom eingebürgerte, daher »unsere«) Weisheit als auch für ›Geschmack‹, was im Deutschen nicht nachahmbar ist.

16 Kaiser Caligula (37–41 n. Chr.), der 39 n. Chr., nachdem ein Feldzug gegen Germanen und Britannier nicht stattgefunden hatte, einen Triumph mit all dem inszenieren wollte, was dazu gehörte und dies laut Persius Caligulas Frau Caesonia herbeischaffte. Er fand dann allerdings nicht statt.

17 Als Zeichen des Sieges war er an einen nach Rom gesandten Brief geheftet.

18 Auf ihnen war vermutlich lange nicht mehr ein Dankopfer dargebracht worden.

19 Beutestücke aus einem Krieg stellte man an der Haustür zur Schau.

20 Im Kampf besiegt, mussten sie beim Triumph vor dem Wagen des Triumphators marschieren.

21 Falsche Haare, die man die ›Besiegten‹ als Perücken und falsche Bärte tragen ließ.

22 Der *poeta* überbietet, um den Erben zu provozieren, die Farce, indem er die (sehr kostspielige) Ausrichtung von Gladiatorenkämpfen zu Ehren des Kaisers und eine Speisung des Volkes verspricht.

23 D. h. voller Steine; diese gelten im Mythos als die Knochen der Mutter Erde.

24 Der *poeta* erwägt jetzt für den Fall, dass der Gesprächspartner (den der Habgierige als ›übergeordneter‹ Gesprächspartner eingeführt hat) als Erbe ausfällt, wer in Frage kommt.

25 Auch auf diese Verse könnte sich die in § 6 der Vita gemachte Angabe stützen, Persius sei von »beispielhafter Zuneigung zu seiner Mutter, Schwester und Tante« gewesen; vgl. Einf. S. 11.

26 Ort an der Via Appia elf Meilen südlich von Rom, in dem Armut herrschte.

27 Hügel in dem nicht weit von Bovilla entfernten Aricia, wo sich sehr viele Bettler aufhielten. Virbius wurde als Heros verehrt, den man mit dem Theseus-Sohn Hippolytos gleichsetzte; vom Vater verflucht, muss er den Tod erleiden, bekommt aber von dem Heilgott Asclepius sein Leben zurück und wird als Gott verehrt.

28 Name für einen beliebigen armen Mann, einen ›Dutzendmenschen‹ (Seel [S. 132] z. St.).

29 So nannte man einen Menschen, dessen Abstammung unbekannt war.

30 Anspielung auf einen damals in Städten Griechenlands durchgeführten Staffellauf, bei dem eine Fackel weitergegeben wurde. Der *poeta* will, dass sein Gesprächspartner erst erbt, wenn er ›die Fackel abgegeben hat‹.

31 Er ist hier auf seine Funktion als Gott des Handels und des Gewinns reduziert.

32 Nicht identifizierbar.

33 Von der seit V. 41 mit dem gedachten Erben geführten Unterhaltung kehrt der *poeta* zur Anrede seines vorherigen Gesprächspartners, des Habgierigen, zurück. Ihn apostrophiert er bis zum vorletzten Vers der Satire. Mit dem ›Verschwender‹

ist der gegen eine Schmälerung der Hinterlassenschaft des *poeta* protestierende Mann gemeint, mit dem das Gespräch von V. 41 bis V. 68 geführt wurde; in diesem Vers wendet sich der *poeta* von dem Erben ab und zunächst seinem Sklaven zu.

34 Sklaven aus Kappadokien in SO-Kleinasien. Zum Verkauf wurden Sklaven auf ein Podest gestellt, und der Verkäufer klatschte mit der Hand auf ihren Körper, um dessen Qualität hervorzuheben.

35 D. h., es vermehrt sich.

36 Stoischer Philosoph (280–207 v. Chr.)

37 Bei dem Haufenschluss geht es um den paradoxen Nachweis, dass ein Getreidekorn, das von einem Haufen bei ständiger Wegnahme von Körnern übrig bleibt, schon einen Haufen darstellt. Die dabei gebildete arithmetische Reihe kann aber auch in die andere Richtung bis unendlich fortgesetzt werden wie der Reichtumserwerb des Habgierigen.

Leben des Persius

1 Die Nonen des Dezember fallen wie die aller Monate außer März, Mai, Juli und Oktober auf den fünften Tag (bei »MILMO«, so dass Merkwort, auf den siebten).

2 Die Kalenden fallen auf den Monatsersten.

3 Alte Etruskerstadt (heute Volterra) 30 Meilen südwestlich von Florenz.

4 Straße, die von Rom nach Brundisium (heute Brindisi) führte.

5 Er lehrte unter Tiberius und Claudius und initiierte dadurch, dass er als Schulautoren anstelle der altlateinischen die augusteischen Dichter bevorzugte, den Klassizismus der Kaiserzeit.

6 Lehrer Neros, der 65 n. Chr. verbannt wurde.

7 Vgl. Satire 5, Anm. 4.

8 Vgl. Satire 6, Anm. 1.

9 Konsul 35 n. Chr., gestorben 59 n. Chr., als Historiker und Redner zu seiner Zeit bekannt.

10 Der Dichter des historischen Epos *De bello civili* (›Der Bürgerkrieg‹) in zehn von 12 geplanten Büchern wurde 39 n. Chr. geboren und wie Seneca von Nero zum Selbstmord gezwungen.

11 Vgl. Satire 3, Anm. 32.

12 Der bekannte Philosoph (ca. 1 n. Chr. – 65 n. Chr.).

13 P. Paetus Thrasea, ein Stoiker, den Nero 66 n. Chr. zum Tode verurteilte.

14 Tochter der älteren Arria, Frau des Caecina Paetus, der unter Claudius 42 n. Chr. zum Selbstmord gezwungen wurde. Arria erstach sich vor ihm und soll

bei der Übergabe des Dolchs an Paetus gesagt haben: *'Paete non dolet'* (»Paetus, es tut nicht weh«).

15 Vgl. Satire 6, Anm. 36.

16 Tragödie mit römischem Stoff. *Vescio*, was die Handschriften als Titel nennen, wird allgemein für eine Korruptel gehalten, aber der Vorschlag A. Mazzarinos (SFIC 22, 1947, 129–131), es könne der Name eines etruskischen Helden sein, scheint mir durchaus annehmbar. Für *opericon* konjizierte schon P. Pithou (1539–1596) sehr ansprechend ὁδοιπορικῶν. Denn es ist gut denkbar, dass Persius wie Lucilius und Horaz ein Gedicht verfasste, in dem er von einer Reise erzählt; die Vita erwähnt ja sogar eine, die er mit Paetus Thrasea unternommen haben soll (§ 5). Ich würde allerdings vermuten, dass der Titel nicht griechisch geschrieben war, sondern lateinisch und *Odoeporicon liber* lautete.

17 Die ältere Arria; vgl. oben Anm. 14.

18 Laut § 2 im achtundzwanzigsten.

19 Vgl. Satire 1, Anm. 67.

BIBLIOGRAPHIE

Bibliographien und Forschungsbericht

Braund, S. M.: Roman Verse Satire, Oxford 1992 (Greece & Rome. New Surveys in the Classics 23).

Holzberg, N.: Persius. Eine Bibliographie, München 2021 [www.niklasholzberg.com/homepage/Bibliographien.html].

Kißel, W.: Bibliographie, in: Ders.: Aules Persius Flaccus (s. *Kommentare*), 863–884.

Zur Gattung Satire in der Antike

Adamietz, J. (Hg.): Die römische Satire, Darmstadt 1986.

Anderson, W. S.: Essays on Roman Satire, Princeton, N. J. 1982.

Braund, S. M./J. W. Osgood: A Companion to Persius and Juvenal, Chichester 2012 (Blackwell Companions to the Ancient World).

Coffey, M.: Roman Satire, London/New York 1976.

Freudenburg, K.: Satires of Rome: Threatening Poses from Lucilius to Juvenal, Cambridge/New York 2001.

— The Cambridge Companion to Roman Satire, Cambridge/New York 2005 (Cambridge Companions to Literature).

— /A. Cucchiarelli/A. Barchiesi: Musa pedestre: storia e interpretazione della satira in Roma antica, Roma 2007 (Studi superiori 546).

Keane, C.: Figuring Genre in Roman Satire, Oxford/New York 2006 (American Classical Studies 50).

Knoche, U.: Die römische Satire, Göttingen ^{4}1982.

Korzeniewski, D. (Hg.): Die römische Satire, Darmstadt 1970 (Wege der Forschung 238).

Plaza, M. The Function of Humour in Roman Verse Satire: Laughing and Lying, Oxford 2006.

— (Hg.): Persius and Juvenal, Oxford/New York 2009 (Oxford Readings in Classical Studies).

Rosen, R. M.: Making Mockery: The Poetics of Ancient Satire, Oxford 2007 (Classical Culture and Society).

Ausgaben, Übersetzungen, Kommentare, Scholien, Konkordanz

Clausen, W. V.: A. Persi Saturarum Liber. Accedit Vita, Oxford 1956.

— A. Persi Flacci et D. Iuni Iuuenalis Saturae. Ed. breuique adnotatione critica denuo instruxit, Oxford [2]1992 (Scriptorum Classicorum Bibliotheca Oxoniensis).

Kißel, W.: A. Persius Flaccus. Saturarum liber, Berlin/New York 2007 (Bibliotheca Scriptorum Graecorum et Latinorum Teubneriana).

Scivoletto, N./L. Zurli: A. Persi Flacci Saturae, Roma [3]2010.

Braund, S. M.: Juvenal and Persius. Edited and Translated, Cambridge, Mass./London 2004 (Loeb Classical Library 91).

Krenkel, W. (Hg.): Römische Satiren in einem Band, Berlin/Weimar [3]1984 (Bibliothek der Antike. Römische Reihe [187–208: Aules Persius Flaccus, übersetzt von W. Binder].

Seel, O.: Die Satiren des Persius. Lateinisch und deutsch, München [2]1974 (Tusculum-Bücherei).

Beikirchner, H.: Kommentar zur VI. Satire des A. Persius Flaccus, Wien 1969 (Wiener Studien. Beihefte 1).

Conington, J./H. Nettleship ([3]1893): The Satires of Persius, Oxford; Nachdr. London 1998.

Harvey, R. A.: A Commentary on Persius, Leiden 1981 (Mnemosyne Supplementum 64).

Jenkinson, J. R.: Persius. The Satires. Text with Translation and Notes, Warminster 1980.

Kißel, W.: Satiren. Hg., übersetzt und kommentiert, Heidelberg 1990 (Wissenschaftliche Kommentare zu griechischen und lateinischen Schriftstellern).

Lee, G./W. Barr: The Satires of Persius. The Latin Text with a Verse Translation by G. L. Introduction and Commentary by W. B., Liverpool 1987 (Latin and Greek Texts 4).

Nikitinski, H.: A. Persius Flaccus. Saturae. Commentario atque indice rerum notabilium instruxit H. N. Accedunt varia de Persio iudicia saec. XIV–XX, München/Leipzig 2002 (Sammlung Wissenschaftlicher Kommentare).

Clausen, W. V./J. E. Zetzel (Hgg.): Commentum Cornuti in Persium, München 2004 (Bibliotheca Scriptorum Graecorum et Romanorum Teubneriana).

Scholz, U.: Persius-Scholien. Die lateinische Persius-Kommentierung der Tradition C, Wiesbaden 2018 (Wissensliteratur im Mittelalter 55).

— /C. Wiener: Persius-Scholien. Die lateinische Persius-Kommentierung der Traditionen A, D und E. Eingeleitet und hg. unter Mitarbeit von U. Schlegelmilch, Wiesbaden 2009 (Wissensliteratur im Mittelalter 45).

Bouet, P. [et al.]: Konkordanz zu den Satiren des Persius Flaccus, Hildesheim 1978 (Alpha-Omega A 36).

Untersuchungen

(s. auch: Zur Gattung Satire in der Antike)

Bartsch, S.: Persius: a Study in Food, Philosophy, and the Figural, Chicago, Ill. 2015.

Bellandi, F.: Persio: dai »verba togae« al solipsismo stilistico (Studi sui Choliambi e la poetica di Aulo Persio Flacco), Bologna [2]1996.

Bramble, J. C.: Style and Expression in Persius' Fifth Satire, Cambridge 1974.

Dessen, C. S.: The Satires of Persius: *iunctura callidus acri*. With a Foreword by K. Reckford, London [2]1996.

Döpp, S.: Ein Satiriker porträtiert seinen Lehrer: zu Persius sat. 5,1–65, in: M. Schauer (Hg.): *Altera Ratio*. Klassische Philologie zwischen Subjektivität und Wissenschaft. Festschrift für Werner Suerbaum zum 70. Geburtstag, Stuttgart 2003, 25–41.

Ehlers, W.-W.: Zur Rezitation der Satiren des Persius, in: G. Vogt-Spira (Hg.): Strukturen der Mündlichkeit in der römischen Literatur, Tübingen 1990 (R. A. 4; ScriptOralia 19), 171–181.

Erdle, H.: Persius. Augusteische Vorlage und neronische Überformung, Diss. München 1968.

Henß, D.: Die Imitationstechnik des Persius, Philologus 99, 1955, 277–294; auch in: Korzeniewski, Die römische Satire (s. *Zur Gattung Satire*), 365–383.

Hooley, D.: The Knotted Thong: Structures and Mimesis in Persius, Ann Arbor, Mich. 1997.

Korenjak, M.: Der Rezitator als verprügelter Koch. Zu einem locus vexatus bei Persius, Philologus 142, 1998, 365–369.

— Rezension von Reckford 2009 (s. u.), Anzeiger für die Altertumswissenschaft 65, 2012, 26–29.

Kugler, W.: Des Persius Wille zu sprachlicher Gestaltung in seiner Wirkung auf Ausdruck und Komposition, Diss. Berlin, Würzburg-Aumühle 1940.

Miller, P. A.: The Bodily Grotesque in Roman Satire: Images of Sterility, Arethusa 31, 1998, 257–283.

— Persius, Irony, and Truth, American Journal of Philology 131, 2010, 233–258.

Morford, M.: Persius, Boston 1984 (Twayne's World Authors Series 713).

Nichols, M. F.: Persius, in: E. Buckley/M. T. Dinter (Hgg.): A Companion to the Neronian Age, Oxford 2013 (Blackwell Companions to the Ancient World), 258–274.

Powell, J.: Persius' First Satire: a Re-examination, in: T. Woodman/J. Powell (Hgg.): Author and Audience in Latin Literature, Cambridge 1992, 150–172.

Reckford, K.: Studies in Persius, Hermes 90, 1962, 476–504; auch in: Plaza, Persius and Juvenal (s. *Zur Gattung Satire*), 17–56.

— Recognizing Persius, Princeton, N. J. 2009.

Relihan, J. C.: The Confessions of Persius, Illinois Classical Studies 14, 1989, 145–167.

Rudd, N.: Imitation: Association of Ideas in Persius, in: Ders.: Lines of Enquiry, Cambridge 1976, 54–83; auch in: Plaza, Persius and Juvenal (s. *Zur Gattung Satire*), 107–137.

— Persius' Mind at Work: a Study of the Sixth Satire, Classical Quarterly 58, 2008, 378–382.

Squillante Saccone, M.: Techniche dell'ironia e del comico nella satira di Persio, Bolletino di Studi Latini 10, 1980, 3–25; u. d. T. Techniques of Irony and Comedy in Persius' Satire, in: Plaza, Persius and Juvenal (s. *Zur Gattung Satire*), 138–172.

— Persio: il linguaggio della malinconia, Napoli 1995 (Studi e testi 6).

Tzounakas, S.: Persius on His Predecessors, Classical Quarterly 55, 2005, 559–571.

Waser, C.: Frau – Erotik – Sexualität. Zur Präsenz des Weiblichen beim Satiriker Persius, Grazer Beiträge 20, 1994, 127–163.

Wehrle, W. T.: The Satiric Voice: Program, Form and Meaning in Persius and Juvenal, Hildesheim 1992 (Altertumswissenschaftliche Texte und Studien 23).

Überlieferung und Rezeption

Fetkenheuer, K.: Die Rezeption der Persius-Satiren in der lateinischen Literatur. Untersuchungen zu ihrer Wirkungsgeschichte von Lucan bis Boccaccio, Bern [et al.] 2001 (Lateinische Sprache und Literatur des Mittelalters 31).

Hellmann, M.: Tironische Noten in der Karolingerzeit am Beispiel eines Persius-Kommentars aus der Schule von Tours, Hannover 2000 (Studien und Texte / Monumenta Germaniae historica 27).

Henkel, N.: Die Satiren des Persius in einer deutschen Reimpaarübertragung um 1500, Beiträge zur Geschichte der deutschen Sprache und Literatur 101, 1979, 67–85.

— Persius Flaccus, Aulus, in: K. Ruh [et al.] (Hgg.): Die deutsche Literatur des Mittelalters. Verfasserlexikon, Bd. 7, Berlin/New York 1987, 408–411.

Hering, G. F.: Persius. Geschichte seines Nachlebens und seiner Übersetzungen in der deutschen Literatur, Berlin 1935 (Germanische Studien 165).

Lucarini, C. M.: Rezension von Kißel, A. Persius Flaccus (s. S. 132), Gnomon 83, 2011, 216–226.

Robathan, D. M./F. E. Crantz: A. Persius Flaccus, in: Catalogus Translationum et Commentariorum III, Washington 1976, 201–312.

Siewert, K.: Die althochdeutsche Persiusglossierung im Lichte neuer Quellen, in: R. Bergmann [et al.]: Althochdeutsch. I. Grammatik. Glossen und Texte, Heidelberg 1987 (Germanische Bibliothek. N. F. 3. Reihe: Untersuchungen), 608–624; auch in: Ders.: ... *inti si ni forstuontun thaz uuort thaz er sprah zi in* (Tat. 12,8). Kleinere Schriften zur deutschen Philologie und Sprachwissenschaft, zu Geheimsprachen, Kodikologie, Keltologie und Klassische Philologie. Festschrift zu seinem 60. Geburtstag am 15. Februar 2014, hg. von J. P. Becker [et al.], Münster 2014, 191–207.

Stachon, M.: War die ältere Arria Persius' Tante? Inhaltliche und textkritische Überlegungen zur Vita Persi, Acta Antiqua Academiae Scientiarum Hungaricae 56, 2016, 333–339.

Wiener, C.: Persius-Kommentierung vom 10. bis 15. Jahrhundert. Beobachtungen zur handschriftlichen Überlieferung der sogenannten Tradition A, Würzburger Jahrbücher für die Altertumswissenschaft 26, 171–183.

Zetzel, J. E.: Marginal Scholarship and Textual Deviance: the *Commentarium Cornuti* and the Early Scholia on Persius, London 2005 (Bulletin of the Institute of Classical Studies. Suppl. 84).

— Rezension von Kißel, A. Persius Flaccus (s. S. 132), Exemplaria Classica 13, 2009, 263–270).

NAMENVERZEICHNIS